营销是目的，微视频是工具……“工欲善其事，必先利其器”
内容是根本，创意是关键……“红海”中搏“蓝海”才能雄起

微视频营销

魏艳◎著

企业管理出版社
ENTERPRISE MANAGEMENT PUBLISHING HOUSE

图书在版编目（CIP）数据

微视频营销 / 魏艳著 .-- 北京：企业管理出版社，
2017. 6

ISBN 978-7-5164-1454-5

Ⅰ.①微… Ⅱ.①魏… Ⅲ.①视频－营销 Ⅳ.
①F713.3

中国版本图书馆 CIP 数据核字（2017）第 005892 号

书　　名： 微视频营销
作　　者： 魏　艳
责任编辑： 宋可力
书　　号： ISBN 978-7-5164-1454-5
出版发行： 企业管理出版社
地　　址： 北京市海淀区紫竹院南路17号　**邮编：** 100048
网　　址： http://www.emph.cn
电　　话： 编辑部（010）68416775　发行部（010）68701816
总编室（010）68701719
电子信箱： qygl002@sina.com
印　　刷： 中煤（北京）印务有限公司
经　　销： 新华书店
规　　格： 710mm×1000mm　1/16　17印张　213千字
版　　次： 2017年6月第1版　2017年6月第1次印刷
定　　价： 59.80元

前言

下一个风口，微视频

微视频（短视频）是基于移动终端的全新社交应用程序，它利用智能手机等移动终端设备拍摄时长30秒以内（微视频一般时长不超过30秒，也有几分钟的微视频，但最长不宜超过20分钟）的极短视频，并支持快速编辑美化。

从2013年开始，国内几大社交平台都在加大力度布局移动微视频(短视频)应用市场。2013年8月,新浪微博在手机客户端内置“秒拍”应用，用户可在手机微博发布框唤起“秒拍”应用，实时分享长度为10秒的短视频；2013年12月16日，新浪微博宣布正式开启短视频战略。腾讯“微视”于2013年9月上线，支持最多8秒、最少两秒的短视频拍摄及分享。

2014年以来，各大平台对移动端视频的布局更是热火朝天。2014年1月26日，阿里巴巴旗下移动社交平台“来往”宣布：全面上线9秒短视频的拍摄和分享功能。2014年3月初，陌陌4.10版本提供了30秒短视频的功能。2014年，美图公司推出短视频应用“美拍”……

业内分析人士认为，微视频将大大提高内容的用户到达率，优质内容也将产生更大的用户价值。微视频与社交媒体存在着天然融合的属性，用户制作、快速分享微视频的门槛将被大大降低。微视频被视为下一个风口，将会成为企业、个人进行营销和推广的又一个阵地。

本书共分十章。第一章着重阐述了微视频的一些基础概念等内容。第二章、第三章分别介绍了微视频在信息传播方面的优势，在企业营销中的定位。第四章至第八章着重阐述微视频社交平台的具体操作手法，分别为平台管理、平台功能、平台运作、盈利模式和营销技巧等五个方面。最后两章分别阐述了微视频在企业营销活动中的案例分析，以及个人如何通过微视频赚钱的技巧。

本书特色：

1. 迎合了想做好微视频营销的企业及个人的实际需求。

2. 重在普及知识，注重方法、步骤和技巧。

3. 图文并茂，便于阅读。

4. 阅读群体广。

我结合自己的经验，将实践与理论相结合，有针对性地为读者解读微视频在运营和管理中的秘诀，这成为本书最大的亮点。本书既有真实案例，又有严谨理论，对相关决策者、从业者、学术研究者及普通大众而言，都是极具新意与实用价值的绝佳资料。

本书内容系统全面，语言通俗易懂，图文并茂，可谓一册在手、工作无忧。同时，本书在保证内容系统性、全面性的同时，又本着简单化、兴趣化的原则，让您轻松学到知识，为自己的职业生涯铺平道路。

希望本书能对有意利用微视频进行营销，且苦于不知道如何利用的企业、团队、个人等提供一些帮助与建议。对于本书中存在的不足，还请各位提出宝贵意见。

魏艳

2017年1月1日

目录

前言　下一个风口，微视频

第一章　微视频，“网红”经济时代不可或缺的精彩

随着互联网、移动互联网的发展，越来越多的“网红”“你方唱罢我登场”，不断涌现并且与商业活动开始结合，催生了一种新的经济形态。“网红”，是依靠网络资源而走红的人，他们的出现依赖于网络工具的日益发展，微视频就是其中之一。

第一节　微视频，“网红”经济的催化剂 …… 003
第二节　微视频，“移动”的传播媒介 …… 006
第三节　视频加营销，下一个风口 …… 010
第四节　UGC、PGC、OGC …… 017
第五节　微视频营销的四个策略 …… 022

第二章　微视频在信息传播方面的优势

自媒体时代，微视频作为一种传播工具，良好效果已经得到了证实。微视频独特的呈现形式，一键式的开放平台，病毒式的传播方式，高曝光度，低成本运用等一系列优势，都是其他类型媒体所不具备的。微视频对企业营销渠道建设、市场拓展、增强客户黏性都有巨大的促进作用。

第一节　独特的呈现形式，信息传播更高效 ………………… 027

第二节　一键式的登录和分享，互动更便捷 ………………… 034

第三节　裂变式的传播，信息扩散范围更广 ………………… 040

第四节　超高的曝光度，人气聚集更快 ……………………… 044

第五节　运营成本低，降低企业管理成本 …………………… 050

第三章　定位：微视频催生新的企业营销模式

前两章重点阐述了微视频的重要性和优势，但对于一个企业来讲，无论是传统企业，还是互联网企业，仅仅在头脑中有这种意识是不够的，还需要真正地行动起来，运用到具体的实践中。这就需要对微视频进行更深入的了解，明确利用微视频可以做哪些事情，解决哪些问题。

第一节　产品展示——对产品进行集中展示 ………………… 055

第二节　营销推广——有效地组织促销活动 ………………… 058

第三节　知识传播——有助于用户更好地了解产品 ……… 061

第四节　情感交流——维护用户利益，强化用户黏性 …… 064

第四章 微视频的平台管理和内容管理

一个好的微视频如何才能发挥其作用呢？前提是对承载其的平台进行科学的管理，如微视频账号的申请、设置和命名等。另外，微视频的内容也很重要，微视频营销，归根结底是内容营销，没有好的内容，就没有高质量的粉丝，或者很难留住粉丝。本章将重点阐述微视频社区或平台管理和内容管理的原则、方法和技巧。

第一节 账号的注册、登录 ……………………………… 069
第二节 微视频昵称设置技巧、原则 ………………………… 077
第三节 微视频内容的选择途径 ……………………………… 086
第四节 微视频内容选择原则：创新、互动……………………… 093

第五章 微视频社区或平台的功能介绍

微视频的上传、播放、分享以及与粉丝的互动，都依赖于微视频社区或平台。社区或平台不同，效果也不同，这都源于社区或平台上功能的差异。微视频社区或平台的功能基本由两大部分组成：常用功能和特色功能。在使用这些平台之前，需要先对这些功能进行详尽、足够的了解。

第一节 微视频社区或平台常用功能介绍 ……………………… 099
第二节 分段拍摄：分段拍摄再组合……………………………… 101
第三节 浏览功能：不登录也可浏览内容………………………… 106
第四节 邀请功能：将其他平台上的朋友加进来………………… 109
第五节 互动功能：支持的五种互动形式………………………… 111
第六节 分享功能：可同时分享多个平台………………………… 114
第七节 微视频社区或平台特殊功能介绍 ……………………… 116

第六章　运作：利用微视频打造“网红”产品

微视频尽管是个技术活，但就整个拍摄过程的把控、拍摄技巧的掌握而言，仍是一个自然而然的过程。要真正发挥微视频在营销中的作用，最重要的还是运作好，这就需要管理人员积极布局，通盘考虑，明确方向，科学规划。同时，对微视频面对的潜在人群、市场进行全面的评估和考量。

第一节　积极布局：传统企业如何做“网红”…………………129
第二节　选择平台：微视频将是营销的新平台…………………134
第三节　明确方向：微视频一定要体现行业特征…………………143
第四节　科学规划：企业微视频营销的两大主题…………………148
第五节　界定人群：适合做微视频营销的五类人…………………152
第六节　全面评估：并不是谁都适合做微视频营销…………………159

第七章　盈利模式：微视频变现的六大模式

当大众在享受着微视频带来的免费、优质内容时，对于企业而言，考虑的是如何将其这种免费红利“变现”。对资本市场来讲，盈利才是关键，如“网红”papi 酱最初也是自娱自乐，成名后也开始商业化操作，让粉丝心甘情愿买单才是王道。

第一节　直播模式：视频直播背后的粉丝经济…………………163
第二节　电商模式：为电商搭建卖货平台…………………168
第三节　引流模式：以流量带动盈利…………………172
第四节　微代言：依靠自身影响力来做广告代言…………………179
第五节　植入模式：在视频中内置广告…………………182
第六节　付费模式：为用户提供增值服务…………………188

第八章　如何利用微视频开展营销工作

微视频是基于移动终端的全新社交应用程序，对于企业而言，如何利用微视频开展营销活动是关键。为更好地在营销中发挥微视频的作用，作为企业营销部门的管理人员、运营人员，以及销售人员，必须掌握最基本的策略、原则和方法。

第一节　打造高质量有料的内容 …………………… 193
第二节　构建多维度多层面的账号群 ………………… 198
第三节　精心策划营销活动主题 …………………… 203
第四节　选择合适的营销执行方式 ………………… 209
第五节　根据需求，把控推送时间………………………… 211
第六节　掌握必要的增粉策略和技巧 ………………… 215
第七节　增强粉丝的黏性 ………………………… 221
第八节　微视频营销的六大误区 …………………… 225
第九节　微视频营销发展的瓶颈 …………………… 228

第九章　优秀企业做微视频营销的技巧及案例

向优秀看齐，无论是对于个人，还是对于企业，都是永远不变的自然法则。微视频营销是一个全新的领域，就已经涌现出的典型案例来看，他们的方法和技巧都是可复制的，为中小企业提供了样板。

第一节　传统视频企业：优化功能，开通微视频接口……… 233
第二节　电商企业：多渠道引流，获取大量粉丝………… 237
第三节　产品型企业：视频加创意，亮出不一样的产品…… 239
第四节　快消品企业：搞创意营销，树立品牌形象………… 242
第五节　服务型企业：提高服务质量，增强粉丝黏性……… 244
第六节　销售类企业：场景式参与，增强用户体验感……… 248

第十章　个人如何通过微视频来营销自己及变现

企业利用微视频来实现扩大品牌影响力、吸引粉丝及宣传和促销产品的目的，从而为自身的发展和生存拓展空间。那么，就个人而言，微视频可带来哪些价值呢？毕竟现在很多微视频产品出自个人之手。本章将重点阐述活跃在微视频营销中的个人群体，并通过案例对其盈利模式、方法进行总结。

第一节　大学生 …… 253
第二节　行业精英 …… 256
第三节　才艺达人 …… 259

第一章

微视频，“网红”经济时代不可或缺的精彩

随着互联网、移动互联网的发展，越来越多的“网红”“你方唱罢我登场”，不断涌现并且与商业活动开始结合，催生了一种新的经济形态。“网红”，是依靠网络资源而走红的人，他们的出现依赖于网络工具的日益发展，微视频就是其中之一。

本章导读

第一节 微视频，“网红”经济的催化剂

第二节 微视频，“移动”的传播媒介

第三节 视频加营销，下一个风口

第四节 UGC、PGC、OGC

第五节 微视频营销的四个策略

第一节
微视频，“网红”经济的催化剂

现在，你随便登录一个社交平台就不难发现，微视频已经无处不在，粉丝亦迅猛增长，且没有任何减缓的迹象。微视频正在成为下一个社交媒体的重要爆发口。与此同时，随着微视频的崛起，“网红”已经开始深刻地影响我们的生活，其带来的经济效应也正在成为当下经济发展浪潮下的又一新的模式。

“网红”这个词在互联网兴起的早期就有了，就我国而言，伴随着互联网的发展已经走过了十多年，其发展形态也与互联网的发展息息相关。有人将我国的“网红”发展分为三大阶段，分别为文字时代、图文时代和富媒体时代，不同时代催生了不同的“网红”，产生了富有时代特征的“网红”群体，如图 1–1 所示。

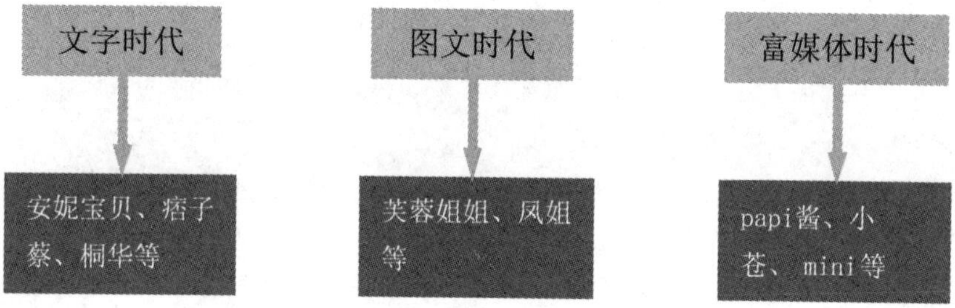

图 1–1　不同时代不同的“网红”群体

文字时代是指网络小说盛行的时代，十多年前，文字“网红”占得天下，如安妮宝贝、痞子蔡、韩寒、郭敬明、桐华等，他们因主宰了网络文学的命脉而影响了一代网民。到了“图文时代”，即新浪微博比较火的那几年，“网红”表现形式逐步由纯文字向图文并茂转变，一些“网红”就靠搞怪搏出位，如芙蓉姐姐、凤姐等先后成为“现象级”的“网红”。“富媒体”的“网红”，也就是我们说的视频“网红”、微视频“网红”、直播“网红”，如 papi 酱、王尼玛等，利用视频等富媒体形式迅速吸引了大量粉丝。而且，在富媒体时代，“网红”的成名更快，传播速度更快，能量更大。以 papi 酱为例，2016 年 4 月前后，“百度知道”推出中国“网红”大数据报告，首次发布了“中国网红十年排行榜”，用大数据盘点了过去十年间关注度最高的“网红”TOP10。荣登榜首的安妮宝贝有 1233 万关注量，紧随其后的是芙蓉姐姐，关注量达到 1116 万；papi 酱以 280 万关注量排在第九。尽管排名比较靠后，但鉴于安妮宝贝、芙蓉姐姐等人成名较早的原因，用了不到半年时间就挤进十年“网红”榜单的 papi 酱确实后生可畏，再次证明了在富媒体的推动下，“网红”的火爆程度和人气攀升的迅速程度。可见，微视频才是“网红”及“网红”经济发展的催化剂，正是因为有微视频，“网红”才得以如此迅速地发展。

当前，承载微视频的平台也雨后春笋般地崛起，如微信公众号、微视、美拍、秒拍、花椒、映客、闪咖等。2016 年被称为微视频发展最迅速的一年。刚刚在 2013 年、2014 年兴起的微视频，在 2015 年才得以迅猛发展，2016 年迎来了爆发。截至 2016 年 6 月份，据不完全统计，全国已经有直播平台两百余个，用户两亿。

- 2013 年，以秒拍为代表的微视频应用程序大爆发，预示着微视频这个新兴媒介可能会产生下一代社交媒体巨头，到了 2014 年，更多企业或者创业者纷纷进入微视频领域。
- 独立的微视频平台有微视、美拍、秒拍、拍酷、玩拍、微拍、快手等。
- 带有微视频拍摄和分享功能的平台有新浪微博、人人网等。
- 企业自行开发的微视频社区或平台有淘宝、小米、360、乐视、陌陌等。

微视频特殊的表现方式改变了信息的传播方式，不但可覆盖更大的范围，而且在时间和空间上有更大的随意性，人们可随时随地观看。

在众多微视频社区或平台的大力发展的基础上，众多优质的微视频内容获得了更大程度曝光和推广。在这样的风口浪尖，企业、电商也开始纷纷抢占微视频市场，布局新浪潮下另一个互联网营销端口。诸如王健林、雷军这样的企业大腕也搞起了微视频直播，王健林在飞机上直播斗地主，雷军直播无人机模型，淘宝直播卖货等，这些都表明，“网红”已经不仅仅是一种社会现象，而逐步成为一种经济形式，并且被企业所重视。

第二节

微视频，“移动”的传播媒介

你是否有这样的体验：在微信中用视频与好友、家人聊天，感觉比打字、语音更痛快？在微信群、朋友圈看到各种无节操的小视频、广告推送会多看两眼？在秒拍里拍下自己的恐吓视频，冷不丁发给闺蜜，还配上一个坏笑的表情，感到比发图片更有趣？

微视频，是移动互联网时代最具有发展前景的传播媒介，在不远的将来，甚至会取代其他传播媒介及长视频，为什么这么讲？站在用户的角度来看这个问题有两个原因。一是因为它比传统的传播媒介表现方式更多样化，更富有个性化。二是人们思维、习惯的改变，现在人们更专注于精简、省时的生活节奏，微视频的出现正好满足了这一需求。鉴于有些人很难分秒不落地看完一部长达九十多分钟的电影时，微电影出现了。鉴于有些人对移动智能设备的依赖比较大，各大微视平台由 PC 端向移动端转移。

站在微视频自身的角度来看，其优势主要表现在三点：一是微视频社区或平台的大量出现和使用，这是基础；二是充分整合了用户的碎片化时间，如在上班途中、餐厅等位、睡前甚至上厕所时都可以观看；三是丰富的特效制作工具更加适应了那些崇尚个性、表现自我的用户，微视频的特性和适用人群如图 1–2 所示。

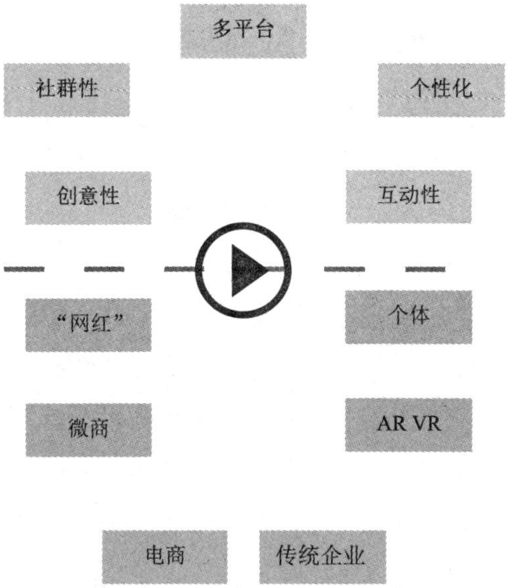

图 1–2　微视频的特性和适用人群

总结起来可以发现，微视频的广泛运用，并且能被多数人接受，是由以下四个条件决定的。

一、人们接受信息的思维、习惯的改变

随着互联网、移动互联网的发展，传播媒体不断嬗变，人们接受信息的思维、习惯也在不断改变。如在互联网普及之前，人们获取信息大都是通过广播、报纸、电视等传统渠道；随着互联网的广泛运用，网络这个昔日的第四媒体逐渐取代了传统的媒体，但大部分局限于 PC 端，而最近几年，移动互联网发展迅速，人们获取信息的终端逐渐转向了智能手机等移动设备。现在看新闻、看电影靠一个智能手机基本上就够了。

科技的发展正在改变着人们接受信息的思维和习惯，文字加上图片、语音已无法满足大家对于世界的渴望，视频直播才最给力！于是，乘着互联网“微时代”的东风，微视频或直播应运而生。

二、网络环境的改善，4G 技术的普遍运用

随着 4G 通信网络的商用普及，移动互联网的进程被大大提前，各大平台的移动流量都已经慢慢超过传统 PC 端。近几年，随着我国的基础网络环境的发展，越来越多的 2G/3G 移动网民开始转向使用 4G 网络，从而体验到更好的上传下载带宽和更稳定的网络。

目前，3G/4G 的移动用户比例大概占比 85% 以上。同时，随着资费的进一步降低，用户平均流量也达到了 360M，甚至不少是 GB 级别的流量。所以，就一个普通的 10 秒视频而言，大概不到 2M。宽带流量的提升无疑会逐步降低用户使用的门槛。此外，家用宽带的流量也随之大幅提升。目前，10M 甚至 100M 已经成为家用宽带流量的主流，从而为微视频的发展提供了必要条件。

三、智能手机、移动设备的大量应用

随着手机像素的增加，手机其他硬件配置 CPU、GPU、内存等的升级，能够让手机更快来处理和优化视频效果，从而能够给手机

视频的处理带来更多的创意空间。最关键的一个前提就是技术条件的成熟——智能手机、4G 网络的普及、微视频社区或平台的大量出现。

四、各大微视频提供商自身的不断创新

各大厂商提供了各种方式来降低用户视频的制作门槛，比如美拍提供了 MV 特效等，在提升了制作视频的趣味性的同时降低使用的门槛。同时，产品的多样化也满足了各种用户的差异化需求，激发用户自传播。

微视频的出现，使得各种直播走红，昔日的网站、公众号等平台风光不再，一些平台积极寻求变革，争先布局微视频直播领域。如腾讯、网易等门户网站，今日头条等个性化资讯平台等。淘宝、小米、360 等互联网企业则开通了自己的微视频直播频道，抢夺微视频直播带来的红利。

第三节
视频加营销，下一个风口

从播放时间长短区分，视频分为长视频和短视频，长视频一般指 30 分钟以上的视频。短视频是针对长视频而言的，就是我们所说的微视频，一般指在 5 秒 ~ 30 分钟之间的视频短片，内容涉及面广泛，视频形态多样，通常涵盖微电影、纪录短片、DV 短片、视频剪辑短片、广告片段等。

从性质、作用上看，长、短视频并无太大的差异，与其他传播方式相比，都有着无法比拟的优势，容易聚集大量粉丝。因此，视频很快成为企业、网络大咖、自媒体运营者主要的宣传媒介。也就是说，微视频只是视频营销的一个细分类型，在认识微视频营销之前还需要先了解下视频营销。

视频营销指的是企业将各种视频短片以各种形式放到互联网上，达到一定宣传目的的营销手段，包含电视广告、网络视频、宣传片、微电影等各种方式，以及现在比较流行的直播。

视频直播不仅造就了一个个“网红”，还造就了很多“网红”企业。

2016 年 5 月 25 日，雷军通过小米直播平台直播“小米无人机发布会”（实为增强与粉丝的互动），如图 1–3 所示，直播观看的人数超过一百万。同时，爱奇艺、bilibili、CIBN、第一财经、斗鱼、凤凰科技等二十多个直播平台同时播放，总观看人数超过千万，成为第一个进入“微视千万俱乐部”的企业级用户。

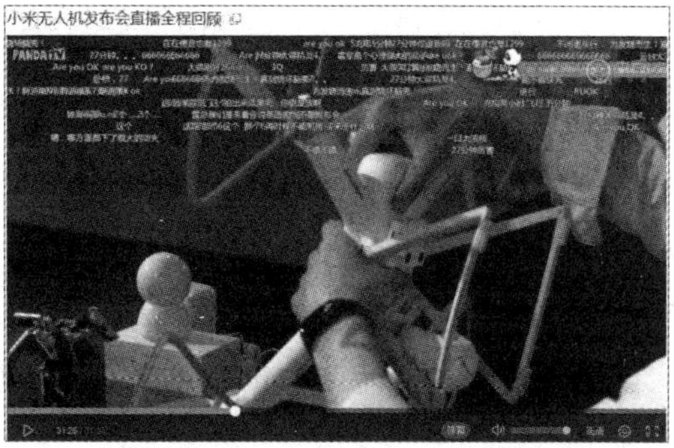

图 1–3 雷军直播小米无人机视频

2016 年 7 月 15 日，淘宝直播乌龟如何在跑步机上跑步（实为卖跑步机），引发了几十万人的观看，如图 1–4 所示。而一场奇葩的直播竟让这台跑步机第一天销售额高达 1298 万元。一个不知名的跑步机品牌竟然通过一场乌龟直播一炮走红，让归于平淡已久的众筹领域再掀波澜。电商的竞争日益激烈，而淘宝利用视频直播引发新一轮论战的竟然是一只乌龟！

图 1–4　淘宝直播乌龟跑步视频

饿了么 CEO 曾在 YY 直播上进行了一场特殊的“媒体开放日”，通过手机镜头，数万网友通过直播跟着这位企业创始人一起参观了其公司，听他分享创业经历，以及未来规划。

与视频营销相比，微视频营销起步较晚，大多是在最近两年。当微视频社区或平台大量兴起后，一些企业才开始尝试着做，通过微视频来树立企业形象，推广产品，吸引更多客户。最先涉足视频营销的是互联网企业，腾讯、网易、乐视、陌陌、小米等。他们或开通自己的直播平台，或开始利用第三方平台进行视频直播，带动消费等。与此同时，很多传统企业也开始布局微视频，小米手机官方微视已突破六万粉丝；杜蕾斯官方微视已突破两万粉丝；宝马中国官方微视已突破三万粉丝。有的企业通过开设微视频官方账号，如饿了么、海底捞、杜蕾斯、宝马中国等，每天向用户提供优质的内容，以此来聚集大量粉丝。然后，在此基础上对品牌、商品资源进行整合、包装，进而进行传播。这也是大多数企业对视频（微视频）运用最重要的一种方式。

海底捞结合时下最热的微视频，直接进行产品和服务营销，首次公布了新品捞派滑牛肉的“捞派秘方”，两三分钟的视频演绎了海底捞“久煮不老”的传说，如图 1–5 所示。同时，海底捞还附送了三种创意吃法，让顾客在家也能学会多种吃法，享受多种美味！

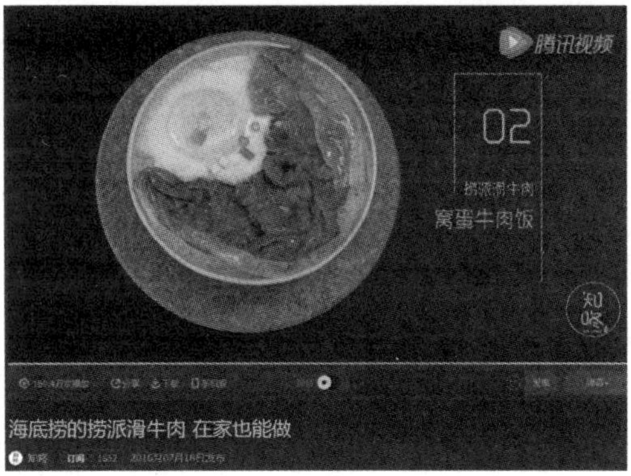

图 1–5　海底捞“久煮不老”传说视频

联合利华通过微视频为其调味品品牌家乐进行了主题为“熬·出真味”的时长两分钟的宣传活动，并在微信公众号、朋友圈广为传播，如图 1–6、图 1–7 所示。视频中演示了多种菜肴的烹饪方法，通过烹饪的过程，强化消费者对该品牌调味品的了解。

图 1–6　“熬·出真味”微信公众号视频

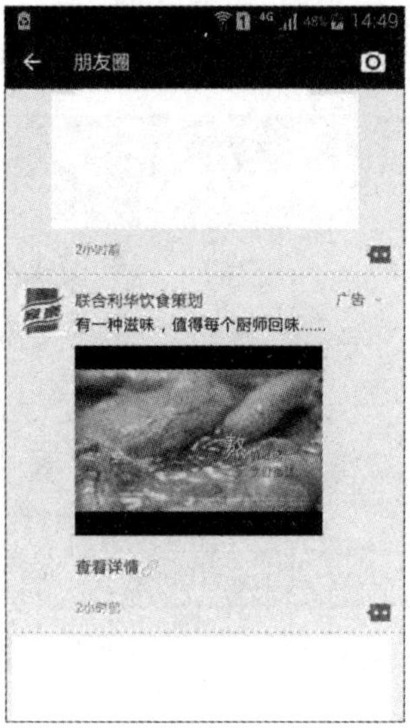

图 1–7 “熬·出真味”微信朋友圈视频

在过去，像上面这样的宣传和推广，多半要邀请自媒体报道才能获取数万用户关注。微视频由于时间短，互动性强，比较灵活，逐步成为企业宣传自我的重要工具，而消费者也因为其使用的便捷性非常喜欢这种互动方式。可见，微视频营销在未来将会成为一个主流与趋势。

无论是小米、淘宝等新兴企业，还是海底捞、联合利华等传统企业，已经用完美的案例诠释了营销界的观点：“在社交媒体多元化的大趋势下，品牌的商业化信息推广和用户针对社交平台所需要的信息其实并不存在冲突。”

有些企业也开始与微视频达人进行合作，通过他们的微视频进行品牌的深度植入，通过其高人气和影响力传递出品牌的核心信息。最重要的是，这些达人经过优质视频内容的长期输出，让用户养成“追剧”习惯的同时也形成了更强烈的感性互动，他们更像是明星与粉丝的关系，在亲和力上使他们对粉丝的影响力和渗透力都相比“大V”有过之而无不及。可见，目前已经有很多企业开始步入微视频营销，并取得了不凡的成果。那么，微视频对企业营销的推动作用有哪些呢？具体来讲表现在以下三个方面。

一、时效性强

微视频的特点之一是信息的即时发布。一条创意非常好的微视频发出后，短时间内就能被大量用户转发至每一个角落。基于微视频的实时性，企业在进行品牌传播和推广时，通常会把当前企业和消费者发生的或者来自于消费者参与的（如企业线下活动），以及那些能够体现企业经营文化、品牌理念的故事，通过微视频快速地传播，并引发消费者评论和互动。图 1–8 为宝马中国的微视频营销广告。

图 1–8 宝马中国的微视频

二、传播范围广

企业微视频仅凭自己的力量难以实现信息的快速扩散，即使拥有众多关注者，其影响范围可能也有限，必须由关注者对信息进行转发或再次传播，传播的级数越多，产生的影响力才会越大，这就是企业微视频营销点对面模式的效果。而企业微视频营销点对点模式是：企业可以通过微视频跟自己的任何一位粉丝进行交流，并对其提出的问题通过沟通加以解决，图 1–9 所示为某视频下的评论区。

图 1–9　某视频下的评论区

三、易接受性

利用视频，企业可与消费者进行面对面交流与沟通，企业利用微视频进行品牌营销时，通过与消费者之间的互动话题或活动，进行碎片化渗透。微视频营销在某种程度上淡化了企业的商业形象，让企业以倾听者的姿态亲近消费者，与消费者在互动沟通中搭建了一种可信任的关系。

第四节

UGC、PGC、OGC

如果说在PC时代，长视频完胜微视频。那么，在移动互联网时代，微视频则表现出比长视频更大的发展潜力。微视频满足的是移动端的用户需求，社交性和交互性更强，逐步由单纯的媒体属性向社交属性转化。

微视频天然具有较强的社交属性，用户在观看的同时还可以进行社交，情感需求得到了大大的满足。那么，微视频的社交属性是如何体现的呢？可从其功能定位和运营模式上看出来，如图 1–10 所示。

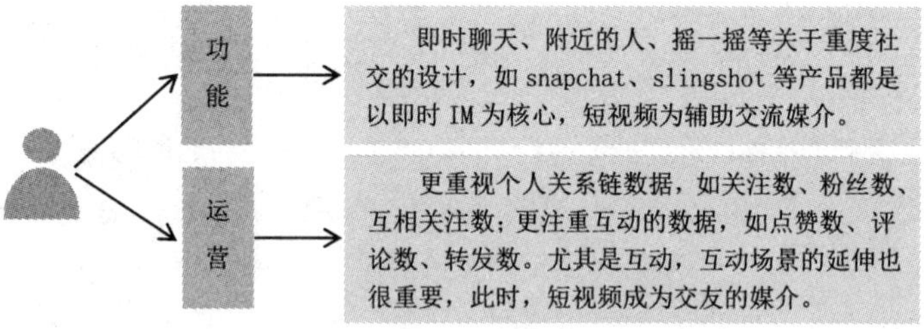

图 1–10　微视频的功能定位和运用模式

第一，从产品功能和运营模式来看，微视频社区或平台代表着移动社交的未来，未来微视频的社交属性将会得到更大的强化。

第二，用户在视频中的交互需求得以体现，这主要表现在一个人既是内容的创造者，也是内容的享用者，如图 1–11 所示。在长视频时代，这种特性表现得不是很明显，很多时候两者是完全割裂的，用户只是视频的享用者。

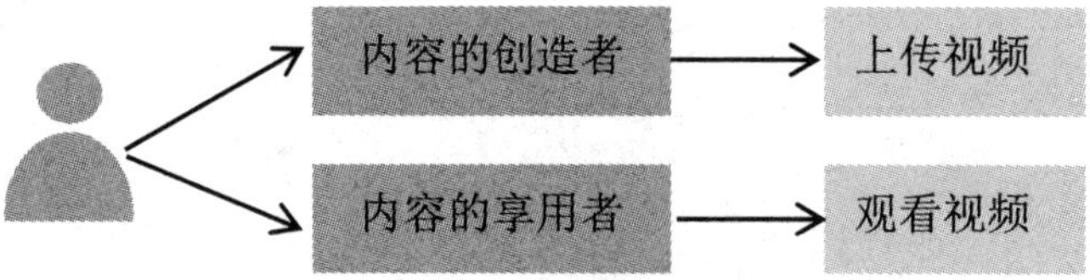

图 1–11　微视频的交互性特性

用户使用视频主要是以下载和上传的方式为主，其中在上传的过程中，因上传主体的不同产生了三种方式，即 UGC、PGC、OGC。

UGC 是 user generated content 的缩写，中文意思为“用户生产内容”，即网友将自己 DIY 的内容通过互联网平台进行展示或者提供给其他用户。以论坛、博客为代表的 Web2.0，以社交平台、微博客为代表的 Web3.0 相继流行，都得益于这种模式的发展。

随着移动互联网的发展，内容创作的形式又被细分出 PGC 和

OGC。PGC（Professionally-generated Content），即专业生产内容，也称PPC（Professionally-produced Content）。OGC（Occupationally-generated Content），即职业生产内容，如图 1-12 所示。

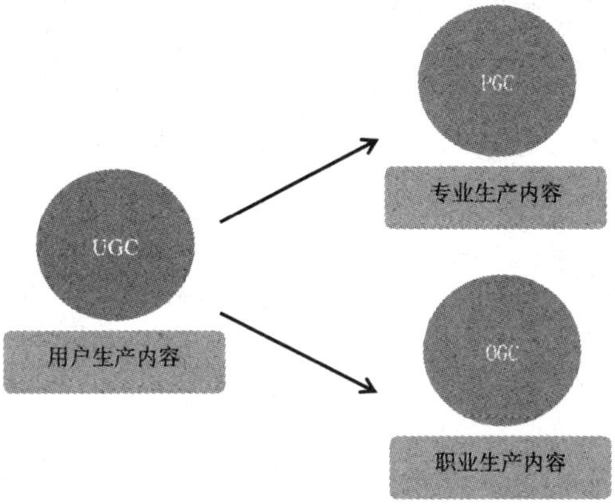

图 1-12 视频的三种内容提供方式

UGC、PGC、OGC 三者之间既有密切联系，又有明显的区别。联系表现在：在一个平台或网站中 PGC 和 UGC 有交集，PGC 和 OGC 也有交集。前者表明部分专业内容生产者既是该平台的用户，也以专业身份（专家）贡献具有一定水平和质量的内容，如微博平台的意见领袖、科普作者和政务微博；后者表明一部分专业内容生产者既有专业身份（资质、学识），也有以提供相应内容的职业（职务），如媒体平台的记者、编辑，既有新闻的专业背景，也以写作稿件为职业领取报酬，如图 1-13 所示。UGC、PGC、OGC 三者之间的区别如图 1-14 所示。UGC、PGC 是以有无专业的学识、资质区分，即在所共享内容的领域是否具有一定的知识背景和工作资历，前者一般无，后者肯定有。PGC 和 OGC 的区别相对容易，以是否领取相应报酬作为分界，PGC 往往是出于“爱好”，无偿贡献自己的知识，形成内容；而 OGC 是以职业为前提，其创作内容属于职务行为。

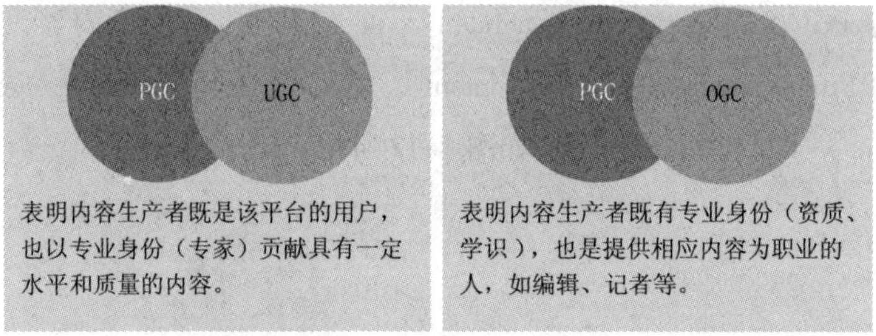

图 1-13　UGC、PGC、OGC 三者之间的联系

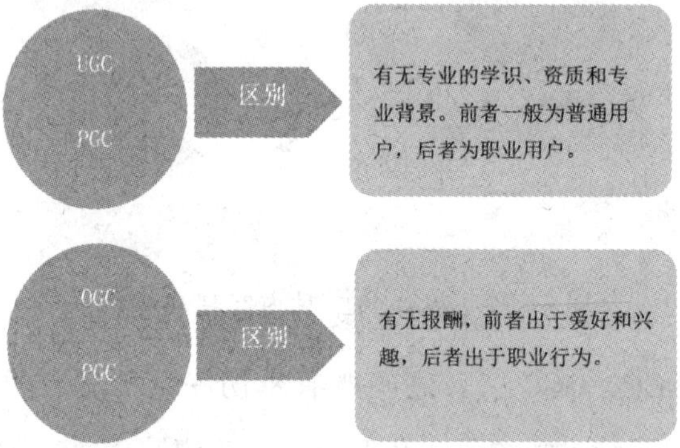

图 1-14　UGC、PGC、OGC 三者之间的区别

微视频加速了 UGC 向 PGC、OGC 发展，而且，三者的融合趋势进一步加强。三者的融合，既降低了成本，又能增加用户黏性，可谓一举两得。《晓松奇谈》、《罗辑思维》、《奇葩说》等优秀 PGC 内容的产生和争夺都是如此。

从 UGC 到 PGC、OGC 以及三者的融合，看上去是视频网站的一轮发展史，但这其实是整个网络文化的发展史，从早期的粗制滥造到中期的巨资引入，再到现在的生态产业链一体化下的精品战略，PGC 能否给视频网站带来差异化的竞争以及摆脱版权的泥沼，是一个十分值得探讨的话题。

UGC 和 PGC 对于视频行业的社交化提出了更高要求，无论是 UGC 中的用户，还是 PGC 中的专业达人，比拼的是全面的、综合的实力，这就要求视频网站进一步提高自己、完善自己。既要为用户提供必不可少的拍摄工具、完美体验；又要对用户进行扶持，提供更多的服务，增强盈利变现能力；更重要的是需要与粉丝进行互动，向“媒体加社区”的方向转变。

第五节
微视频营销的四个策略

微视频对企业营销、市场拓展、粉丝维护有很大的作用，因此，企业应充分利用微视频这个平台，开展品牌营销和企业文化宣传，具体策略有以下四种。

一、全面了解用户需求

了解用户需求是所有营销形式需要做的前提工作，尤其是社会化媒体营销更需要定位客户需求，向用户精准推销。因为社交平台有自己独特的语言、文化和运行规则，与受众面对面的时候，需要以社交网友的身份融入社群，否则，将会无所适从。因此，做微视频营销，对于企业营销者而言最主要的是明确用户需求，在社群中找到共有的话题并积极参与其中，这样方能得到社群用户的认可。

二、注重内容，注重创意

微视频营销归根结底是内容营销，只有有创意的内容，能为用户带来利益的内容才容易被接受。具体来说，就是要善于将营销和娱乐进行深度融合，以极富创意和观赏性的微视频内容来打动用户，从而引发用户发自内心的认同，而非强行推送广告。这就要求企业营销人员提高营销方案策划能力。不论是企业微视频的信息内容，还是营销活动，都应该策划先行。在具体实践中，企业微视频编辑要善于运用创造性思维，积极创新，不断加强信息制作和活动组织中的策划意识，提升企业微视频的吸引力。

三、培养最忠诚的粉丝

互联网时代的本质就是粉丝经济，传统营销时代看重消费者的数量和规模，互联网营销时代看重的是质量。粉丝不是一般的爱好者，而是最优质的目标消费者，是有些狂热的痴迷者，是下一个新产品的制造者。每个人都是别人的粉丝，每个人也都希望自己的粉丝如云。

粉丝意味着利益，谁拥有大量、高质量的粉丝，谁就找到了致富的金矿。例如，苹果产品之所以长盛不衰，皆因为乔布斯在世时培养了一大批忠实的粉丝。哪怕你只是一个普通人，但只要你拥有了巨量粉丝，你就可以有强大的影响力。

四、加强监控和识别传播的负面效应

视频传播极易产生负面效应，一旦产生与企业相关的负面消息，就会迅速在用户中蔓延开来。因此，企业应将微视频舆情监督放在重要位置，随时关注微视频中含有企业自身信息的内容。当负面消息出现时，企业应该第一时间给予关注，直面问题，并坦诚、真诚沟通。第一时间消除用户的疑问。

第二章 微视频在信息传播方面的优势

自媒体时代，微视频作为一种传播工具，良好效果已经得到了证实。微视频独特的呈现形式，一键式的开放平台，病毒式的传播方式，高曝光度，低成本运用等一系列优势，都是其他类型媒体所不具备的。微视频对企业营销渠道建设、市场拓展、增强客户黏性都有巨大的促进作用。

本章导读

第一节　独特的呈现形式，信息传播更高效
第二节　一键式的登录和分享，互动更便捷
第三节　裂变式的传播，信息扩散范围更广
第四节　超高的曝光度，人气聚集更快
第五节　运营成本低，降低企业管理成本

第一节
独特的呈现形式，信息传播更高效

信息的呈现形式有很多，包括文字、图片、声音等，传统的信息呈现方式基本上都是单一的。随着人们阅读习惯的改变，且阅读时间的碎片化，单一的文字、图片或声音信息已远远无法满足人们的阅读需求，大多数人更加倾向于阅读综合性的内容。微视频的出现正好迎合了人们这些需求，它的优势在于可将多种形式的内容很好地粘合在一起，信息量更大，表现方式更多样，可读性更强，给人的阅读感受更直观、更丰富。

从信息传播的角度来看，文字可以捏造，图片可以 PS，就连声音也可以配音，唯独微视频是基于场景之中的，让用户与现场进行实时连接，尤其是建立在此基础上的直播，使受众与受众之间、主播与受众之间可进行实时的交流，是最真实、最直接的体验。

从市场供求角度来看，微视频具有的优势迎合了人们的阅读心理；且由于其充分地利用起了人们的碎片化时间，从而得以迅速走进了人们的生活、工作和学习中，成为年轻一代人的宠儿。

微视频是互联网时代、移动互联网时代信息传播的重要形式，是伴随着数字视频技术不断完善而发展起来的。目前，数以百万计的微视频文件、微视频点播网页以及众多的微视频社区或平台出现，如 PC 端有搜狐视频自媒体、微博易等，移动端有上述提到的微视、微拍、美拍等。

传统的传播方式大都是一看即过，很难留下很深的印象，而微视频则彻底颠覆了这点，尽管只有很短的几分钟，甚至只有几十秒、几秒，但由于其独特的呈现形式，往往会让人看一眼就难忘。那么，微视频是以什么样的形式，来向大众传播信息的呢？经总结有以下四种。

一、以“说”为主

“说”是信息传播最主要的一种形式，在微视频中因能说、会说、巧说而被大众熟知的非常多。提到“说”，就不得不提自媒体视频脱口秀《罗辑思维》主讲人罗振宇，他是因能说、会说而成名的代表。老罗表现自己“说”的能力主战场就是一些自媒体平台，如公众号、美拍等，图 2–1 为老罗在美拍上的一段“奇葩说”演讲。

图 2-1 老罗“奇葩说”演讲视频

靠“说”成名玩的就是语音，就像靠写成名一样，只不过一个是文字、一个是语音，相对而言，语音在情感方面表达更丰满，再适当地加一些音效、配乐，更容易打动人。与写作相比，说更生动，更随性，不像文字那么刻板和严谨。

对于想靠说成名的人，有一个技巧，可先从说现成的内容开始，比如将网上最新的段子、最新的新闻、最新的评论说出来。值得注意的是，在说的过程中可适当加上自己的观点和感触，久而久之，慢慢地就会具有自己的风格。

现在与“说”有关的微视频还有一个专业名词，叫做音媒体，很多人开始通过音媒体表现自己说的能力。

二、以“画”为主

在微视频中，以“画”来传递信息的案例非常多，有动画、漫画、沙画、简笔画、映画。如“@ 四格漫画”、“@ 暴走漫画”、“@ 天启沙画”、“@ 动画帮”、“@ 表情包”等。“画”是一个非常好的表现形式。当然，靠画出名并不是单纯地展示画技，而是要有一点噱头，以幽默、搞笑为主。所以，想走这条路的人，一定要在这里多思考，多下功夫。例如，@ 四格漫画在每个漫画中都融入了一个哲理性的小故事，让人看后不仅可以欣赏漫画艺术，还可以有所启迪，如图 2–2 所示。

图 2–2　@ 四格漫画视频

三、以“才艺表现”为主

通过微视频来展现自己的才艺，如唱歌、跳舞、厨艺等，因微视频给人的视觉效果更直观，可让你的一技之长得以全方位地呈现在观众面前，每一个细节得到淋漓尽致的体现。如“微视食神”@ 王大厨现在的粉丝数高达近三十万，每条微视频平均都将有近十万的播放量，由此可见用户对他的喜欢程度，这都源于他的惊艳厨艺深深地吸引了一大批美食爱好者、“大吃货”。图 2–3 是 @ 王大厨的一个手切萝卜玫瑰花的表演，可谓技惊四座，瞬间引爆大家的转发热情。所以，想展示自己才艺的朋友，可以依靠微视频这个平台迅速圈粉，找到一大批与自己有共同兴趣爱好的人。

图 2-3　@王大厨手切萝卜玫瑰花视频

四、以展现自我为主

自媒体的兴起给了普通人更多的展示自我机会，如模仿、恶搞等，如图 2-4 所示。通过自媒体平台，任何人可以任何方式去展现自我。微视频作为自媒体的一种主要工具，自然也成为很多人的首选。

图 2-4　网友恶搞《女神和女汉子》

展现自我，看似比较简单，实则很难；门槛较低，但想要粉丝有持续的关注并不容易。当“展现自我”成了一种自娱自乐，那无疑是失败的。展现自我首先需要有展示的东西。如微视频上有很多美女、靓男之类的，展示的就是自己的长相。美貌这东西是天生的，并不是人人都有。当然，有人会通过美颜相机、美图秀秀这些工具修饰一番。值得注意的是，靠展示外在美是不会长久的，好看的脸蛋、姣好的身材固然有人欣赏，但仅仅是一个花瓶，很容易“破碎”。

随着网络上各种款式的“网红”、美女越来越多，网民的欣赏眼光也越来越高。像早些年的天仙 MM，随便晒两张照片就能红的时代几乎一去不复返了，现在不但要长得漂亮，还需要贴上一些特殊的标签（如“反叛”、“励志”等标签），通过与众不同的、刻骨铭心的奋斗等一系列“故事”去感动大众，激励大众，让大众产生共鸣。比如洪荒女孩傅园慧、西单女孩、旭日阳刚等，靠一个表情包、一首歌就可一举成名。从专业角度来说，他们可能并不是最优秀的，之所以出名是因为他们背后的故事中折射出来的精神。所以，他们一出现就迅速地引起了大家的共鸣，大家在他们身上看到了自己的影子，看到了自己的过去、现在，看到了自己的梦想。再如，曾经淘宝第一美女店主“水煮鱼皇后”，因她当时网店做得很成功，其外形又比较清纯可爱，加上她的创业故事风趣幽默，继而成名。还有以开成人用品店成名的马佳佳，以创意和敢于挑战传统而成名，还有这两年通过微商而崛起的一群微商女神等。

第二节
一键式的登录和分享，互动更便捷

本节，我们以微视、美拍为例，阐述微视频的开放性优势。微视（微视界面如图 2-5 所示），腾讯旗下短视频分享社区，是一款由腾讯公司推出，基于通讯录的跨终端、跨平台的视频通话软件，突破性实现了 iOS、Android 终端设备之间的视频互通。微视作为一款基于通讯录的跨终端跨平台的视频通话软件，开放性表现在用户可通过 QQ 号、腾讯微博、微信以及腾讯邮箱账号登录；可以将拍摄的短视频同步分享到微信好友、朋友圈、QQ 空间、腾讯微博，如图 2–6 所示。

微视频之所以能火爆荧屏，主要原因在于它所承载的平台是个开放式的平台，包括上传、互动、分享等，从而可在视频上传者与观看者、分享者之间形成了一个完美的闭环。微视频闭环路径如图 2–7 所示。

图 2–5　微视界面

图 2–6　微视同步分享界面

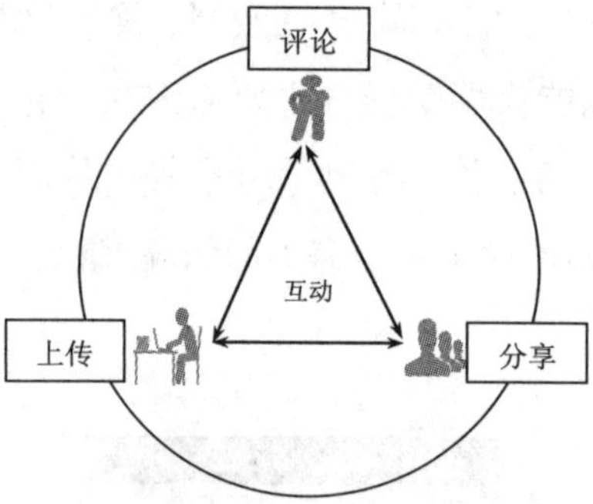

图 2-7　微视频开放性平台的闭环模式

一、上传者——上传

视频上传者，无论是企业还是个人都可在微视频社区或平台上自主地上传视频文件，供用户在线观看或下载，用户也可以根据自己所需自主选择是否观看。以美拍为例，图 2-8 为美拍上微视频上传界面。

图 2-8　美拍微视频上传界面

上传步骤：

第一步：下载一个美拍软件，注册账号，然后登录。

第二步：打开美拍界面，点击下面中间的拍摄（就是有一个像摄像头一样的东西）。

第三步：录制视频完毕后，选择是否对视频进行特效处理，如果进行处理直接选择特效效果，不处理直接点击下一步。

第四步：点击下一步，视频自动生成（处理中，稍微等待一下）。

第五步：添加标签、话题。标签、话题最好与视频有关。

第六步：选择要分享到的平台，点击下面的分享按键即可上传。若不想分享则可单击下面的标识，标识成灰色则表示不分享！

二、观看者——评论

用户可对看过的视频发表自己的观点、看法、评论，与视频上传者或其他受众进行互动，微视、土豆网、56视频等都有这样的功能。微视频爱好者们可以随时评论自己喜欢的视频，或者与视频上传者或其他网友展开互动，图2-9所示的是@opanda熊猫频道上的一则视频，熊猫宝宝的可爱神态就引发众多网友的留言和评论。

三、观看者——分享——二次分享

观看者在观看完视频之后，可将自己感兴趣的，或者认为对自己以后有用的信息分享，分享到自己的微视频账号，或转发给第三方。以@极品动漫君为例，由于受到粉丝的追捧，其大多数视频都会被转发，图2-10所示的视频转发次数已达到3320次。

图 2-9 @opanda 熊猫频道视频引发的评论

图 2-10 @极品动漫君视频的转发

目前，大多数微视频社区或平台开放路径已经逐渐清晰，基本上都具有分享到QQ、微信好友、微信朋友圈、腾讯微博、新浪微博的功能。

微视频社区或平台的开放性特征，将让社交平台脱离“二元”，实现“多元”式发展，使自己融入到整个中国互联网的生态系统中。微视频社区或平台的开放性决定了其必定是一个合格的营销工具，微视频的上传者只要有好的创意、好的产品、好的服务，就能够在这个大舞台上“演出”更出色，让企业营销生态圈更和谐地发展。

人人媒体的时代悍然到来，挡都挡不住，这曾经是微博时代的专家对于微博的解读。微视频时代呢？那一定是有过之而无不及。只要你的信息属实，只要你能够打动人们的内心，你就可以进行传播。

企业在做营销的时候要想让更多的人知道自己，必须要在内容上做好功夫。只要你的内容能够打动人，人人都会是你的传播者。

第三节
裂变式的传播，信息扩散范围更广

原子弹由于核裂变可释放出巨大的能量，在微视频社区或平台上，一条微视也可迸发出类似的能量。微视频在传播速度上具有其他自媒体共有的特性，范围更大，更快、更迅速。

裂变式的传播其实是社交媒体的共性，微博、微信皆是如此，一条有价值的信息一经发布就有可能传播开来。而到了微视频时代，它的传播力似乎更大。下面，我们来看看一条微视频有多大能量。

图 2-11 是一条与刘亦菲有关的微视频。刘亦菲作为名人，自然有自己的一批粉丝。这则于 2016 年 7 月 24 日 21:41 发布的微视频，截至 7 月 25 日 18:40，仅仅二十多个小时，播放次数已达 2515 次，被赞 6.6 万次。

图 2-11 刘亦菲某条直播视频的传播力

如果说上述的微视频受到如此多的关注是有名人光环的，那么，接下来这条微视频则是纯粹的普通人所发后导致的大范围关注。山东某果农通过微视频直播卖苹果，同样受到很多人的关注，围观消费者达 494 人，点赞的达到 33134 人次，有的粉丝直接询问“多少钱一斤”，如图 2-12 所示。

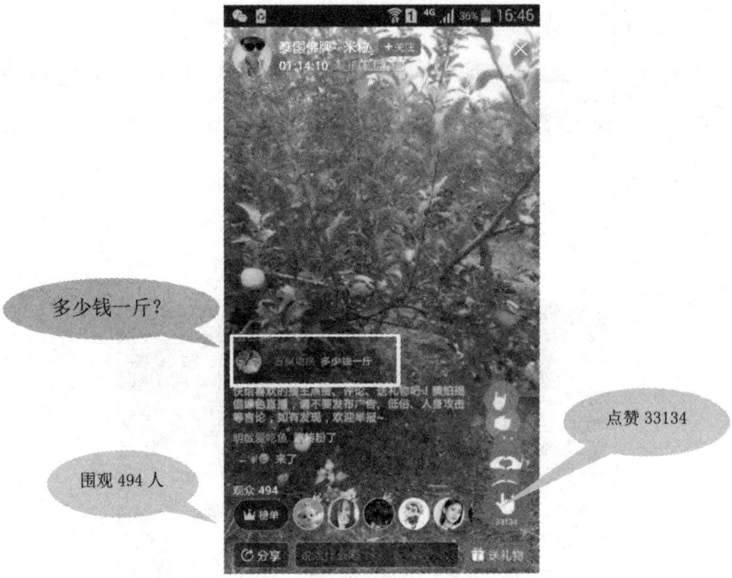

图 2-12　山东某果农微视频直播卖苹果

综上所述，我们了解了微视频的力量以及这里面存在的商业价值是非常大的，无论是明星，还是普通人，只要善于利用微视核裂变式的传播特性，就可以让自己的微视频获得巨大的曝光量，获得更大的关注，创造更大的商业价值。

微视频为什么会有如此大的传播力？这是由于其内容观赏性更佳，适用人群更广，老少皆可接受，比起微博、微信更易传播开来。除此之外，还在于其内部传播模式的不同。传统媒体传播形式是点对面式的传播，而微视频则是点对点、点对面的双重传播模式。每一个微视频都不是单独存在的，而是依托于某个平台，在这个平台上聚集着大量的用户。如果把每个用户看成一个点，整个微视频平台就是将众多用户连接在一起的面，其中任何两个用户都可以相互关注，这就是所谓的 N 对 N 传播模式。这种模式与物理反应中的核裂变相似，因此，称之为传播的裂变性。当然，这都是微视频以及微视频社区或平台客观存在的优势，但并不意味着占据这些优势就可以打造一个真正拥有超强传播力的微视频平台。在实际操作中，还应该把握一些技巧，主要是内容层面的，即你发布的微视频本身要具有传播性。让微视频内容具有传播性的技巧有以下三个：

1. 善于制造话题

比如，当有粉丝发布一条描述产品使用感受的微视频后，你可以进行转发，顺便发问："还记得自己第一次使用的感受吗？一起来说说吧！"总之，让别人看了你的微视频，无需经过太多思考就有话可说，越随意越好。有时候越随意越能拉近距离。

2. 善于用逆向思维考虑问题

狗咬人没人看，人咬狗就有人围观。有时候，用逆向思维考虑问题，更容易获得关注。不过，千万把握好分寸，不能让自己陷入负面的境地。

3. 善于激发粉丝的情绪

一般来讲，喜悦、愤怒、焦虑的情绪更容易被传播，多数网络流行语都有这个特征，所以，编辑微视频内容的时候要尽量符合这些特征。

第四节
超高的曝光度，人气聚集更快

与其他自媒体不同，微视频有着天然的强曝光度，这是因为微视频展示的内容大多以游戏、真人秀、搞笑为主，同时用户以年轻的“80后”、“90后”、“00后”为主，这些用户能占到80%以上。

根据有关统计数据分析得出，微视频用户的构成呈现出男多女少、集中在25岁~30岁、中等收入为主等特点，如图2-13、图2-14所示。

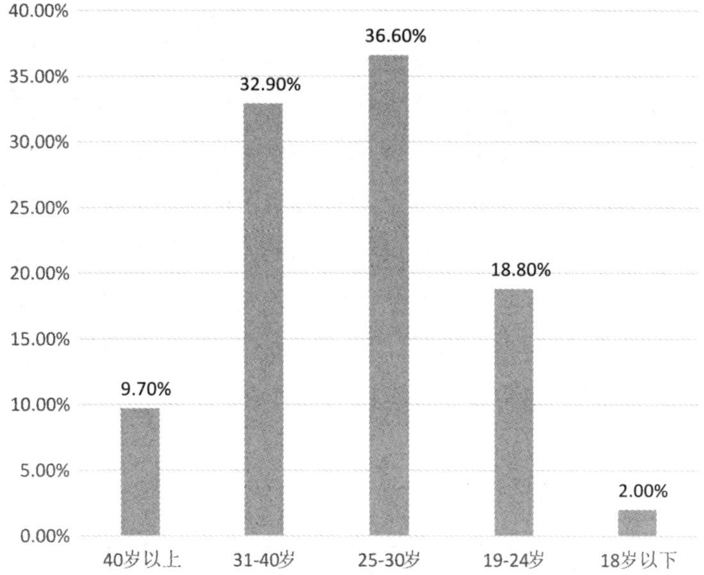

图 2-13　微视频用户年龄分布图

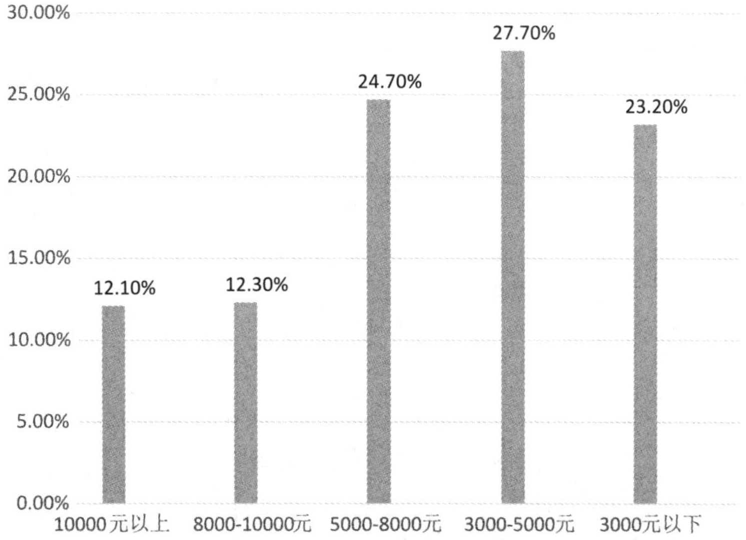

图 2-14　微视频用户收入分布图

在新一代人——“90后”、“00后”眼里，一切的严肃都可以“被解构”，说一些正儿八经的道理成了件颇具喜感的事情。他们思想更开放，需求独特，他们对衣食住行、吃喝玩乐等有独特的需求，希望及时了解到最前沿的娱乐资讯、最真实的新闻事件、最好看的景区实景、美食的制作过程、生活中的实用技巧……微视频正是有着这样特殊的用户群体，使得其传播性更强，曝光度更高。从某种程度上说，正是有了这一人群的关注，微视频社区或平台才得以有如此大影响力、曝光度。那么，为什么说只有这一群体才能带动微视频社区或平台的人气呢？这是因为这一代人固有的群体特征，具体表现在以下四个方面。

1. 年轻粉丝活跃度较高

纵向来看，由短视频 UGC 社交积累起来的用户，以“90后”、“00后”较为活跃，多是明星粉丝群体。各类型微视频社区或平台的用户构成——因侧重点不同的直播内容会吸引不同年龄、性别的用户，如表 2-1 所示。

表 2-1 各类型视频社区或平台的用户特征

微视频类型	微视频社区或平台	用户特征
游戏类	斗鱼、虎牙、火猫	“80后”、“90后”，男性为主，收入中下游。
真人秀类（明星）	映客、花椒、美拍	“90后”、“00后”，男性为主，收入中下游。
专业领域类	微吼、疯牛、美拍	“80后”、“90后”，男性为主，收入中上游。
购物类	天猫、淘宝、聚美、唯品会	女性较多，多以大学生、白领、家庭妇女为主，收入中上游。
娱乐类	YY、斗鱼、美拍	女性较多，年龄偏小，收入中下游。

2. 具有内容专业领域垂直粉丝

微视频内容与其他传播渠道相比，更多的是偏向某专业的垂直领域内容，如舞蹈、音乐、美妆、美食、精彩生活、时事热点等，各种各样的垂直领域催生了不同的粉丝。通过不同主题的直播，来满足人们不同的需求。

微视频上，从 papi 酱到同道大叔，从健身到美食、扎头发、手工艺、情感分析、星座、养生等 PGC 内容，应有尽有，如图 2–15 所示。而且，很多都有专业团队制作，已经进入了一个非常专业化、规范化的运作阶段。

图 2–15　微视频内容的垂直分类明显

3. 热爱新鲜事物，富有创造力

微视频的粉丝往往不局限于观看一种类型，其兴趣更加广泛，创造力也更加丰富，因此能够探索出更多的直播模式和内容。原本让很多人不屑的演出方式，也变成了新的搞笑综艺玩法，可以说互联网节目和形式完全不受传统的拘束。美拍上就有围绕“00 后”开展的“‘00 后’假唱大赛”，青少年朋友们的卖力演出十分有趣，非常搞笑。美拍也曾组织过“最强吃货 PK 赛”，如图 2–16 所示，吸引了不少粉丝的参与，各路“吃货”尽情地展示，有鲍鱼、龙虾豪华大餐，也有泡面、咸菜等视频。总之，他们比拼的不是吃什么，而是如何吃，吃出花样，这就是这一代人不同的价值观和世界观。

图 2–16　美拍组织的“最强吃货 PK 赛”

4. 喜欢社交，乐于分享

“90 后”、“00 后”这一人群的社交性也非常强，他们非常喜欢社交，乐于分享，无论认识的，还是不认识的，无论线上的，还是线下的，都会主动去交往。即使是生活中一个小细节，“90 后”、“00 后”也乐于与大家分享，如展示自己穿的服饰、戴的装饰、做的美食，以及自己的生活。“90 后”、“00 后”新一代活得就是这么自由、随性、有个性，他们敢于表达自己的思想，释放自己的情感，也许这正是未来市场的发展趋势。鉴于这些人即将或者已经成为这个市场参与和消费的主体。对于企业来讲，必须学会迎合他们的需求,这也是为什么不少互联网公司做社交产品把目光聚焦在“90后”、“00后”这一群体身上的原因。

以上几点充分地说明了粉丝群体和社交形态的变化，进一步促使了微视频可在最短的时间内最大可能地扩散和曝光。因此，当一条创意非常好的微视频发出后，短时间内就能被大量关注和转发。

第五节
运营成本低，降低企业管理成本

利用微视频进行营销大大降低了营销成本，对卖方和买方皆是如此。

对卖方来说，微视频的成本较低，比起线下实体、PC 端、客户端要低很多。当市场需求转移到线上后，最昂贵的不是资金成本，而是时间成本，错过了最佳营销时间，即使再努力也没有大用处。微博时代是这样，微信时代也是这样。以微信为例，微信营销是网络经济时代，企业或个人营销的一种模式，是伴随着微信的火热而兴起的一种网络营销方式。但是，如果目前（这里指 2016 年）哪家企业再大力在微信营销上投入已经显得不合时宜了，因为最佳时机已经错过，那些早在微信兴起之初就开始布局微信营销的企业已经占得了先机。微信在营销市场上可以说已经饱和，市场红利已经被瓜分殆尽，现在很多人都有自己的微信号、公众平台，在这方面做得好的企业或个人非常多。相较之微博、微信，微视频时代刚刚开启大幕，但在这个瞬息万变的时代，机会都是稍瞬即逝。微视频也可能是这样，如果现在不抓住，两年，一年，甚至几个月时间就有可能错过。微博已经远远地被甩在了后面，微信红利期已过，即将到来的微视频时代，正是企业布局市场的最佳时机。

在互联网时代，时间成本是最昂贵的，金钱成本显得不再那么重要。

微视频是一个简易版的 APP，第三方把底层都做好了，对于大多数企业来讲，拿来即可以直接使用；对于需求高的企业来讲，可以利用各种接口进行二次开发。

大多数微视频社区或平台，本身就是免费的，平台不会收费，基本上不需要什么费用。相对而言，通过微视频开展的营销活动的成本是比较低的。

微视频社区或平台其实就是一款 APP，因此，开发微视频社区或平台就相当于开发一个 APP 应用。APP 的开发成本是较低的。了解国内安卓系统的人应该深有体会，参与安卓应用平台开发的费用较低，这给所有独立开发者、开发商带来了动力，并让整个应用市场的竞争变得更加复杂和激烈。

在 APP 最火的 2013 年期间，一个简单的 APP 设计、开发，加上测试的时间大概需要 6 周 ~ 8 周，复杂些的需要 8 周 ~ 12 周，开发费用需要 6 万元 ~ 10 万元，稍微复杂些的需要 10 万元 ~ 15 万元。

当然，这个范围不是很确切，有些难度较大的，或者前、后台复杂程度较高的系统，价格也会更高。特别是做游戏类的APP，成本会是这个估算的好几倍。不过，从整体来看还是比较低廉的。

为了进一步降低开发成本，有些平台已经开发出了一套成熟的模块，使用时只要支付一定的费用购买商家的云服务即可，如阿里云、腾讯云提供的云服务器、RDS、负载均衡等产品服务，网宿、蓝汛提供的cdn网络分发加速服务等，这也大大降低了企业的营销成本。

第三章

定位：微视频催生新的企业营销模式

前两章重点阐述了微视频的重要性和优势，但对于一个企业来讲，无论是传统企业，还是互联网企业，仅仅在头脑中有这种意识是不够的，还需要真正地行动起来，运用到具体的实践中。这就需要对微视频进行更深入的了解，明确利用微视频可以做哪些事情，解决哪些问题。

本章导读

第一节　产品展示——对产品进行集中展示

第二节　营销推广——有效地组织促销活动

第三节　知识传播——有助于用户更好地了解产品

第四节　情感交流——维护用户利益，强化用户黏性

第一节

产品展示——对产品进行集中展示

企业接轨微视频最主要的一个目的就是展示自己的品牌形象、宣传自己的产品，让更多的消费者认识、了解，进而产生购买行为。因此，企业首先需要将微视频打造成一个品牌和产品展示的平台，所发布的微视频也都应该时刻围绕自己的品牌、主打的产品或服务进行。

微视频由于能很好地将人们的碎片化时间捏合在一起，因此被喻为是全网营销时代最好的产品展示平台之一。可能有人会怀疑，仅仅几分钟或者几秒小视频怎么能够完全地展示一个复杂的企业形象、产品体系呢？如果你有这样的顾虑，说明还是对微视频了解不够，或者思维根本没有转变过来，仍在用传统的营销思维考虑问题。微视频是一个移动化的社会化平台，其就是用来满足人们碎片化的需求——即在尽量短的时间内得到满足，5 分钟、1 分钟、8 秒，甚至 5 秒内。

2014 年 11 月，小米超薄移动电源面对全球粉丝发布了微视频，小米在美拍上的官方微视账号 @ 小米手机用 14 秒去展示了该移动电源。14 秒的展示目的不是让看到的人完全了解该产品的所有功能、属性，而是告诉他们有这么一个新产品问世了，意在引起更多人的关注。同时，通过简单的文字介绍和视像介绍，让大家对其有初步印象，或者形成二次转发。这时，那些“米粉”们一定会购买，并转发、分享给自己的亲朋好友。

图 3–1 所示的 2127 个“赞”说明了粉丝对该产品是认可的，是比较喜欢的，印象也是深刻的。其实，这就达到了这条微视频的目的。

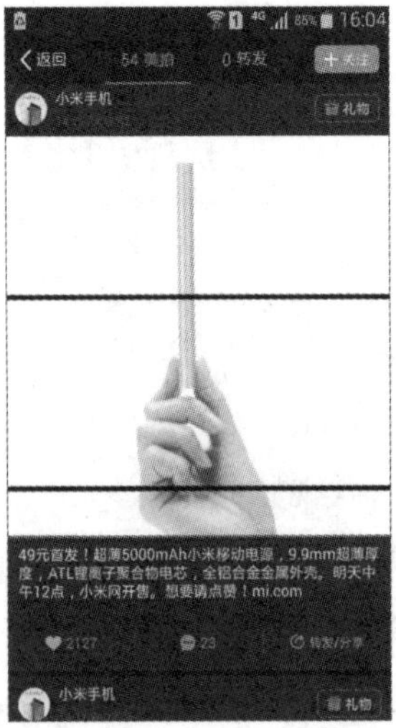

图 3–1　小米超薄移动电源全球发布视频

图 3-2 所示的是某微商通过微视频展示孕妇护肤品，15 秒的视频让观众清晰地了解到该产品的整体外观、具体的功效等。

图 3-2 微商通过微视频展示产品

上述两个案例说明，无论是企业，还是个人微商，都可以将微视频打造成一个品牌 、产品的展示平台，不但可对品牌、产品进行有效宣传，还可成功地对消费者进行潜移默化地影响，这比告诉用户一万遍产品有多好来得更有效、更直接。

微视频的价值，在于以最短的时间、最便捷的渠道、最方便的模式将产品展示给用户。与传统的宣传方式相比，微视频有着巨大的优势，传统的方式只能采用发布会、媒体报道、PC 端视频展示，整体速度比较慢，用户接收的时间也比较长。

值得注意的是，由于微视频过程很短暂，在利用其进行展示产品时，需要抓住产品最核心的价值，瞄准客户最迫切的需求，让用户快速获取所需的东西，如获取信息、学习知识、找到快乐或者其他需求等。

第二节
营销推广——有效地组织促销活动

在微视频上搞促销，最大的优势是展示方式的不同，微视频能以图文并茂、声音、图像并存的多种元素综合性地去展示商品。再加上很好的创意，从而将视觉享受与购买行为完美地结合在一起，这样的话，很容易让观看者看第一眼后兴奋起来，大脑中的第一个反应是好神奇。通过成功地吸引观看者的好奇心，从而将大多数人的关注点转移到微视频里的主角——产品上。

2014 年“双 11”期间，小米在微视上策划了一场“双 11”购物节活动，并采用抽奖的形式引导消费者参与。同时，公布活动中奖名单也是通过微视发布的，如图 3–3 所示。

图 3–3　@ 小米手机在微视上的双 11 促销活动

如果微视频的内容做得足够新颖的话，还可令粉丝看多遍而不心生厌烦，这对加深粉丝对产品的印象起着重要的作用。图 3–4 为 @ 杜蕾斯在美拍上玩的一个魔术——消失的套套。道具为一条毛巾，一个碗，一只安全套。短短的几秒钟给粉丝留有深刻印象，相信很多粉丝为了学会这个魔术会重复、仔细地看这个微视频，认真揣摩，这个重复看和揣摩的过程就是对企业、产品认识的深化过程，也是最终产生购买行为的源动力。

图 3-4 @杜蕾斯魔术视频

类似 @ 小米手机、@ 杜蕾斯这样的微视频就是利用微视频社区或平台来进行产品促销的最好案例。

微视、美拍等微视频社区或平台最初只是作为一款娱乐类应用软件而存在，供一些网民通过视频来表达思想、观点和情感。随着互联网越来越开放，并逐步与商业互动，很多微视频社区或平台被众多企业，尤其是互联网企业、电商等开始重视，并逐步向宣传、推广和营销方向转变。至此，微视频社区或平台已经不仅仅只是一个软件那么简单，而是成为企业盈利的前沿阵地。

有数据表明，微视频社区或平台由于投入低、成本低、操作方便，给企业带来的利益远远超过了以往任何一种渠道。因此，拥有自己的微视频社区或平台也就成了很多企业的共识，或自主开发，或找专业机构代做。

现在，有很多微视频可以在企业官方网上直接下载，并进行无线控制，这表明微视频社区或平台正在摆脱诸如手机商城、应用商店这样的第三方平台的束缚，走向独立盈利的道路。

第三节
知识传播——有助于用户更好地了解产品

微视频既然给企业搭建了一个产品展示、营销推广的平台，那么是不是可以进一步设想，如果把它定位一个供用户学习、休闲和沟通的知识性平台会不会更好？如果这样，企业便可以全方位展示自己，更深入地与用户交流，强化用户对企业和产品的忠诚度。尽管这样的做法还很少，但这个设想完全可以成为现实，因为一个消费者观看微视频不仅只是为了购买产品，还有获取信息、体验乐趣或者了解产品有关的知识、生活中一些其他技巧的需求。假设你是卖化妆品的，除了直接展示和推销化妆品外，如果可以为用户提供一些化妆、美容的知识会更受欢迎。又如做美甲的可教用户美甲的技巧，卖保险的可以为用户提供一些理财知识等。一个专门做美甲的工作室利用美拍视频就是这么做的，他们不但推销美甲工具、提供爱甲业务，还通过一个个小视频，细分步骤教用户如何自己去美甲，如图 3–5 所示。从这个角度来看，企业在运用某个微视频社区或平台时可以将其定位为一个知识传播的平台，以迎合用户多样化的需求。在这一点上，小米做得非常不错，仍以上面提到的 @ 小米手机为例，在产品展示和推广的同时，还开辟了一个以传播知识为主的功能——小米学院，旨在通过视频为小米用户解决一些实际问题。图 3–6 所示的是“小米学院”的一段微视频，视频告诉用户一个大多数人不知道的小技巧：如何延长待机时间。通过视频演示，教会用户如何一键设置，锁住点亮，以防止电量过快消耗。为了更好地传播知识，解决用户难题，“小米学院”在视频内容上还不断优化。

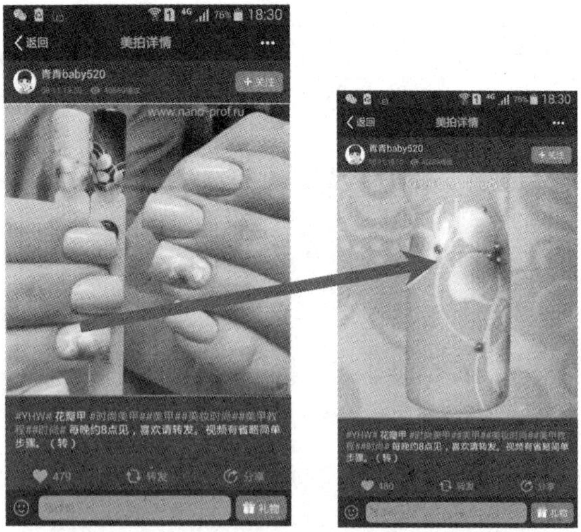

图 3–5　美甲工作室的美甲教学视频

图 3-6　@小米学院微视频教学视频

用微视频传播商品知识对企业是有价值的，浅显易懂，生动形象地传授可令用户几秒就看懂、学会，最大限度地实现了微视频社区或平台的价值。

人都有懒惰的天性，学习东西的时候就希望用最简单的方法掌握，最简单的无非就是别人告诉你怎么做，并且还给你演示如何操作。将微视频打造成一个知识性平台就是这样一个目的，来满足用户的懒惰需求。

微视频带给企业的不仅仅是服务价值，营销价值也将是非常强大的。以微视频在马年春晚期间的表现为例，当其他平台上还在吐槽满天飞的时候，微视频用户则已经在“我也演春晚”标签中开始自发参与到这场年度大娱乐当中了。

第四节
情感交流——维护用户利益，强化用户黏性

微视频最初的定位就是社交。所谓的社交，其实就是供大家相互交流，加深感情，大多数微视频社区或平台也是按这样的轨迹走的。

微视频发展初期，因其微小精悍就被一些企业打造为移动社交的新吸睛点。如微视的定位，2013 年 9 月，腾讯微视频应用“微视”正式上线，其定位是基于开放关系链的 8 秒微视频分享社区，用户可将拍摄的微视频分享到微信好友、朋友圈、腾讯微博、秒拍，在

发布后，不少明星、模特纷纷入驻，其关注度快速上升，上线不到两天，在苹果应用商店上就跻身社交类免费应用下载前十名。另外，YY、斗鱼、乐播、趣拍、微拍等数款应用也逐渐兴起，其中，斗鱼以“大众娱乐”的产品诉求及泛娱乐战略开拓市场，赢得不少用户青睐，如图 3–7 所示。

图 3–7　斗鱼直播间界面

微视频、直播、“网红”的出现是时代的必然。一方面，人们的娱乐精神正在被充分发掘；另一方面，人们对互动性的需求越来越高，从前影视综艺作品的单向传播，已经不能满足人们的需求。只不过，正是因为有了企业的大量介入才使其逐渐具备了营销的属性。现在需要回归，即让以营销为主的平台回归其社交属性，这对企业来讲也许有点难，好不容易打造的营销平台掉头何谈容易？但从现代营销的趋势来看，卖东西不能再直接去吆喝，而是需要谈感情，更何况现在是一个粉丝经济时代，粉丝买的不是产品，而是情感。从这个角度来看，企业对微视频的定位必须回归，回归的核心就是将微视频社区或平台再次打造成一个情感交流的基地，让所有人都可畅所欲言，表达自己的观点和想法。例如，@小米手机从第一个试水微视频营销到现在单条视频取得千万播放量，在对品牌营销的不断实践中逐步摸索出了适合自己的独特良方。而这一良方并不复杂，用一句话表达就是从搞营销向搞关系转化，搞好客户关系自然就有了客户。具体来说，就是将娱乐和营销进行深度融合，以极富创意和观赏性的微视频内容来打动用户，从而引起用户发自内心的一种认同感，而非霸王硬上弓式的强行推销。

对很多企业来讲，是突出微视频的社交属性，还是单一地突出营销属性，已经陷入两难。过度地偏重社交属性，无法达到营销的目的，过度地偏重营销属性，掉粉现象严重。其实，同时拥有两者并不冲突，企业作为一个盈利性组织，从理论上讲应该坚持走营销之路，将微视频打造成营销工具。但是，从消费者的角度来讲，微视频必须回归它的社交属性，适当地突出微视频的社交属性非常有必要，因为现在钟情于微视频的群体大都比较年轻，他们消费理念比较前卫，需求趋于多样化，对某个品牌忠诚，可能不仅仅是该产品最棒，而是系于某种情感——虚荣心、成就感、满足感、荣誉感等。因此，企业完全可以把微视频打造成与粉丝交流思想、沟通情感的一个平台。

第四章

微视频的平台管理和内容管理

一个好的微视频如何才能发挥其作用呢？前提是对承载其的平台进行科学的管理，如微视频账号的申请、设置和命名等。另外，微视频的内容也很重要，微视频营销，归根结底是内容营销，没有好的内容，就没有高质量的粉丝，或者很难留住粉丝。本章将重点阐述微视频社区或平台管理和内容管理的原则、方法和技巧。

本章导读

第一节　账号的注册、登录

第二节　微视频昵称设置技巧、原则

第三节　微视频内容的选择途径

第四节　微视频内容选择原则：创新、互动

第一节
账号的注册、登录

微视频是以各大视频社区或平台为载体而存在的，换句话说，玩转微视频的前提是必须拥有某个社区或平台的账号，即在微视、秒拍或美拍等平台上申请一个账号，通过该账号上传、观看和分享微视频。

为了更好地使用微视频，下面就来详细地介绍一下几个主要的微视频社区或平台的注册、登录的流程。

一、多账号登录

从总体上来看，所有的微视频社区或平台都支持多账号登录，如手机号、QQ 号、微信账号、微博账号、QQ 邮箱账号等。需要注意的是，不同的平台在登录账号的范围上有所不同。例如，微视由于与 QQ、微信同属腾讯系产品，因此，在账号选择上就以腾讯类账号为主，如 QQ、微信、QQ 微博、QQ 邮箱等；而美拍则支持微信、QQ、新浪微博、手机号码及 Facebook 等多账号登录。秒拍、微视、美拍的账号登录示意如图 4-1 所示。

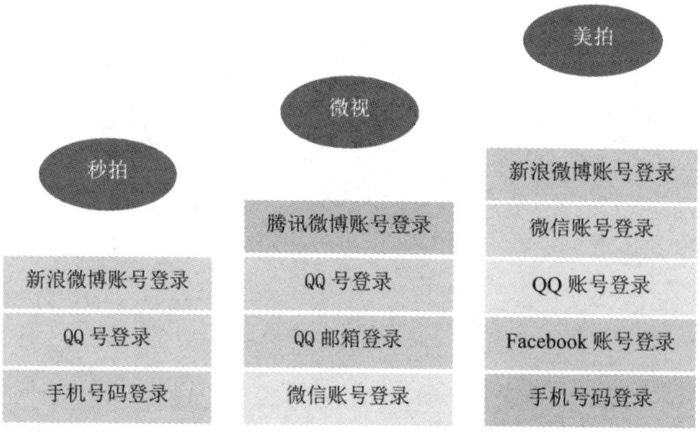

图 4-1　常见微视频社区或平台登录示意图

二、账号申请、登录

纵观几大微视频社区或平台的申请步骤，其流程基本上相似，接下来，我们将分别以美拍、秒拍和微视为例，逐一介绍如何来申请微视频账号。

（一）美拍账号

第一步：打开浏览器，在搜索工具地址栏中输入 http://www.meipai.com/，或者在手机客户端直接下载美拍 APP，进入美拍官方主页或 APP，选择账号类型登录（已有账号的可直接登录，没有账号的需先申请），如

图 4–2、图 4–3 所示。

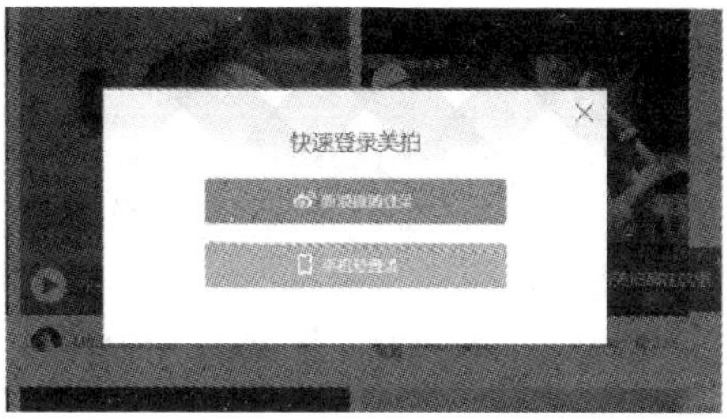

图 4–2　美拍网页版账号登录 – 申请界面

图 4–3　美拍手机版账号登录 – 申请界面

登录美拍可直接用手机号，所以，绑定手机号即可直接登录。

第二步：如果用新浪微博登录，可直接填写微博账号，输入密码即可，没有的申请新浪微博后方可登录，如图 4–4 所示。如果利用手机号登录，输入手机号和密码即可，如图 4–5 所示。没有申请的需要立即注册，如图 4–6 所示。

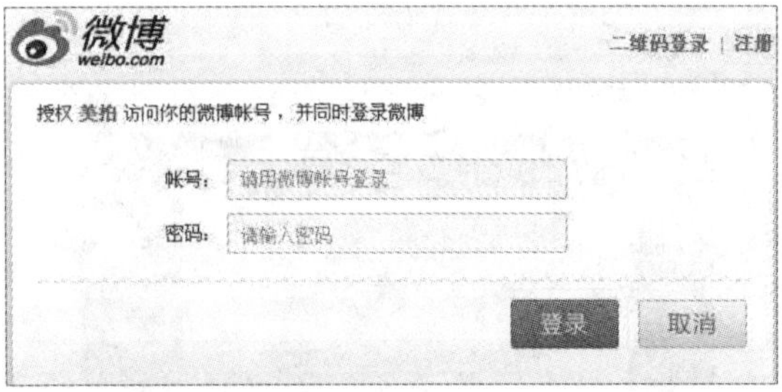

图 4-4　新浪微博账号登录 - 申请界面

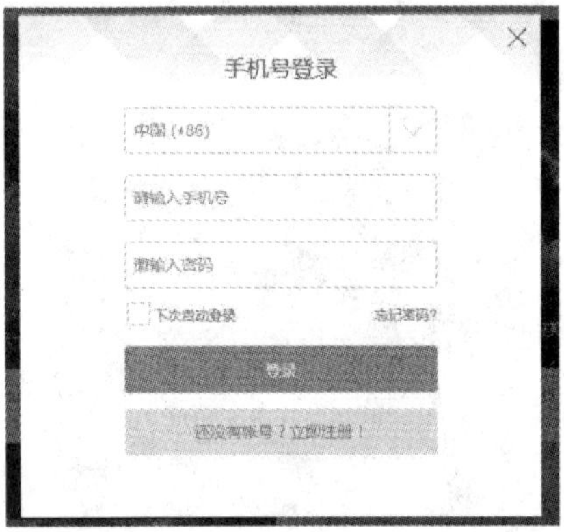

图 4-5　手机号登录界面

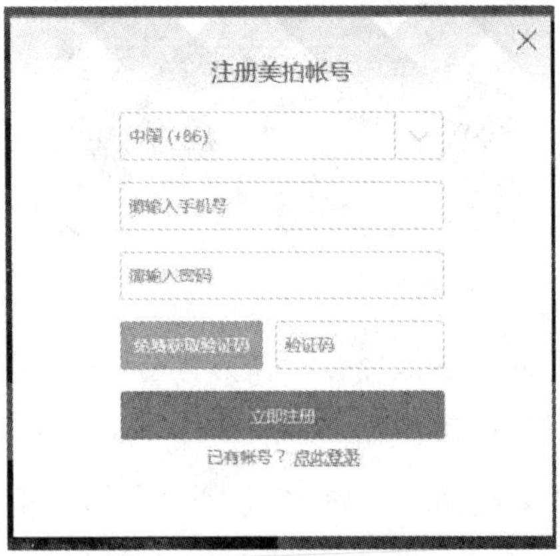

图 4-6　手机号申请界面

（二）秒拍账号

进入秒拍主页（http://www.miaopai.com/）之后，先选择以何种方式登录。具体有三种，如图 4-7 所示。

图 4-7　秒拍登录界面

采用新浪微博、QQ 账号登录秒拍账号的需先拥有新浪微博和 QQ 账号，采用手机号登录秒拍账号的需先绑定手机号。

（三）微视账号

第一步：打开浏览器，在地址栏输入 http://weishi.qq.com/，或者在手机客户端直接下载微视 APP。进入微视官方主页，点击“登录”下的“注册新账号”（已有账号的可直接登录），如图 4-8、图 4-9 所示。

图 4–8　微视网页版账号申请页面

图 4–9　微视手机版账号申请页面

第二步：输入邮箱、密码、系统自动显示的验证码。填写完这些信息后，点击“立即注册”按钮，如图 4–10 所示。需要注意的是，账号昵称一定要先想好，因为一旦启用后不可修改。另外，还可以点击昵称上的图像，现拍一张或是在手机相册中选取一张图片作为微视的头像。账号密码必须是由字母、数字或者英文符号组成，不少于 6 个字符。同时，字母注意区分大小写。

图 4–10　微视申请 – 基本信息界面

第三步：按要求操作，完成注册，如图 4–11 所示。

图 4–11　注册验证示意图

第四步：填写自己的手机号码，获取验证码进行验证，如图 4–12 所示。

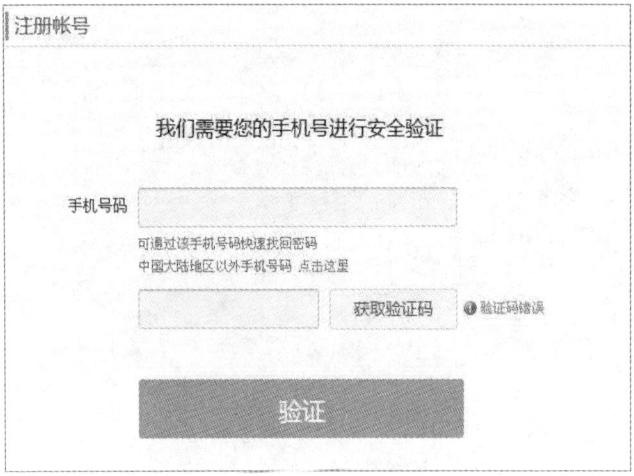

图 4-12　手机号码安全验证

第五步：注册完毕。值得提醒的是：注册后，手机号码将作为注册者的身份标识，不可更改，如图 4-13 所示。

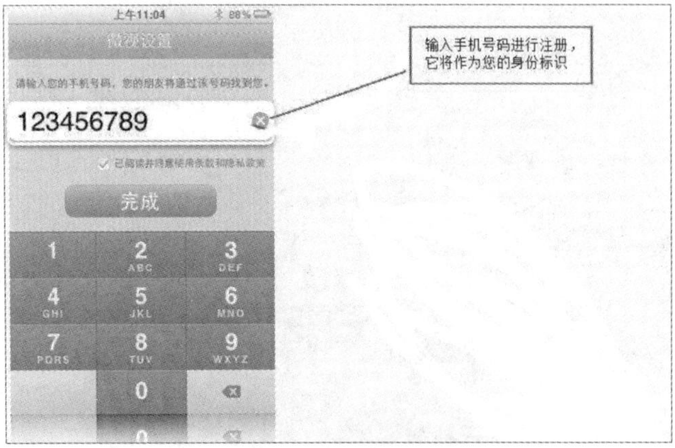

图 4-13　手机号安全验证完成界面

第二节
微视频昵称设置技巧、原则

一个好昵称就像一个人名一样，很容易被人记住。当你将自己的微视频账号告诉周围的朋友时，如果对方无法马上记住就算失败。要想让自己的微视频账号脱颖而出，首先要取一个好昵称，对头像进行合理、创新的设置。昵称和头像是向用户展示自己的第一步，决定着该微视频的定位。因此，对微视频拥有者来讲，无论你是企业团队，还是个人自媒体，都必须重视账号取名、头像设置这项工作，并善于利用一些技巧、遵循一定的原则。那么，给微视频命名的时候应注意哪些技巧和原则呢？下面，我们将一一进行阐述。

一、微视频昵称命名技巧

（一）以人名（品牌名称、企业名称）命名

以人名（品牌名称、企业名称）命名直接告诉用户“我是谁”，通常适合于明星、大咖，或者在行业具有较高影响力和威望的人或品牌。头像可采用自己的、团体的照片、企业名称，品牌名称，产品的LOGO 等。如 @ 凯迪拉克、@ 广州日报、@NBA、@ 小米手机等，如图 4–14 所示。

图 4–14　人名（品牌名称、企业名称）命名的案例

（二）以行业加人名（企业名称）命名

以行业加人名（企业名称）命名的目的是让用户一眼就知道你是

谁，是干什么的，以便能更好地定位于目标人群，寻找到目标客户，如图 4–15 所示的 @ 主唱李琦、@ 演员刘劲、@ELLE 中文网等。

图 4–15 行业加人名（企业名称）命名的案例

（三）以微信、QQ 等名称来命名

有很多微视频命名时，直接沿用了自己的微信昵称或 QQ 昵称，或者这些账号的变形。这样做的好处是便于用户加深对微信、QQ 的记忆，有利于将粉丝引流到微信、QQ、企业网站等平台上。例如，“@ 觅食迹”这样一个美拍微视频，其微信公众号昵称为 mishiji001，前者是后者的音译字，如图 4–16 所示。

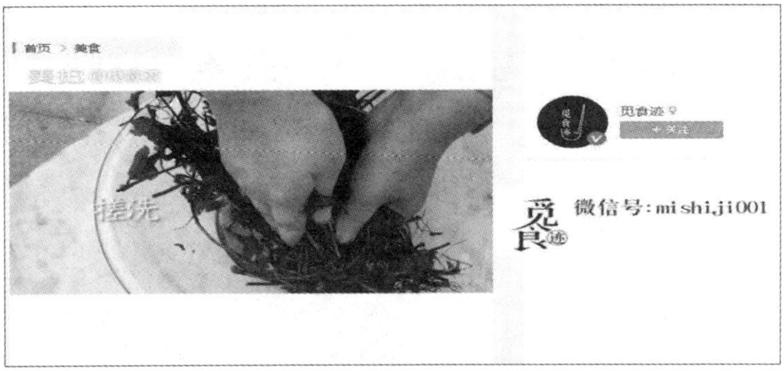

图 4–16 微信、QQ 名称等命名的案例

（四）以职业、行业背景命名

以职业、行业背景命名就是将微视频中涉及到的企业背景、人物、产品、服务等，以描述、夸张或拟人的手段间接地表现出来。比如，@王大厨、@迷恋美食、@电影工厂、@爱篮球等，如图4–17所示。

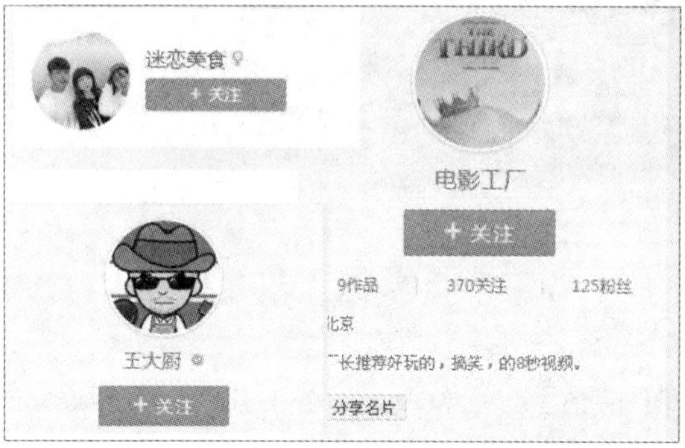

图 4−17　职业、行业背景命名的案例

（五）以销售的产品或服务命名

以销售的产品或服务命名是直接将所能提供的产品或服务的功能、用途，或能提供的服务体现出来，让用户直接去了解。例如，欣欣旅游网是一个旅游网站，其美拍账号直接使用“@欣欣旅游网”；杜蕾斯的微视账号则直接为“@杜蕾斯”，如图4–18所示。

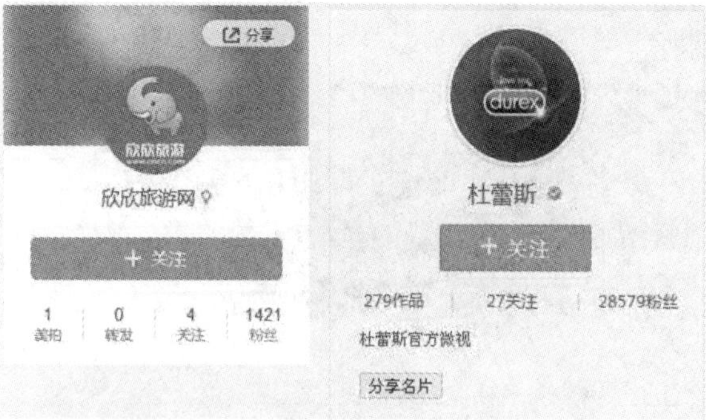

图 4−18　以产品或服务命名的案例

（六）以地域加企业性质命名

如果是服务于本地的企业，则可以在账号昵称中加上地域特征，这样可以让本地的用户更有亲切感，如美拍账号 @ 北京星舞团、@ 太原同城会等，如图 4-19 所示。同时，这样命名有利于针对性地吸引外地用户的关注。当然，如果企业的目标客户没有地域限制，昵称中最好不要加上地域标志。

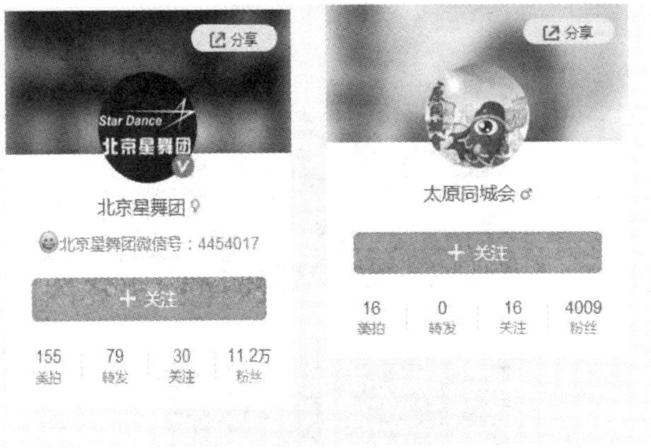

图 4-19　以地域加企业性质命名的案例

二、昵称的命名原则

众所周知，在实体店中好的店名是店铺的“标志”，是店铺的一种无形资产。在虚拟的微视频中，微视频账号昵称同样是一种标志，一种无形资产。因此，在拟写之前必须经过全盘考虑，仔细斟酌。为微视频账号命名，最基本的两个原则：一是要突出账号的功能属性，二是要有利于用户搜索。

（一）突出账号功能属性

突出账号功能属性的这种命名原则，目的就是让用户在看到账号后，可以快速知道这个账号的基本功能，知道这个账号推送的主要是哪些内容，主题是什么，以便提高用户对账号的关注度。比如，

“@ NBA 十佳”这个微视账号，直截了当地突出了该账号的功能，即展示每日的 NBA 十佳片段，如图 4-20 所示。这个名称很清晰地概括了账号的主要内容，用户一看便知道这个账号的微视频内容。只要是喜欢看 NBA 的用户就有可能快速关注此账号，大大提高了该账号的关注率。

图 4-20 @ NBA 十佳微视账号内容

（二）布局关键词，利于用户搜索

用户关注一个账号时大体有两种途径，一种是被动模式的关注，另一种是主动模式的关注。被动关注主要靠企业的宣传和推广，而主动关注则就是这里要讲到的“搜索模式”，即用户如何通过搜索来快速寻找到我们的账号。比如，用户最想通过搜索了解饮食方面的微视频，首先会通过微视频平台的“搜索功能”寻找相关的账号，进而关注一些健身从业者，或者一些健身节目、健身机构等方面的账号。

以秒拍为例，微视频的搜索是基于关键词精准匹配模式的，当用户搜索“健身”这个关键词时，微视频系统就会给用户推荐与“健身”有关的账号，与关键词越接近的排位越靠前，这个就是精准匹配。精准匹配之后就是关键词匹配，只要账号中带有“健身”这个关键词，都会被系统推荐出来，如图 4–21 所示。

图 4–21 “健身”关键词搜索示例

除了在账号中嵌入关键词外，为了便于用户搜索还有一个技巧，即在简介里布局关键词。如我们在搜索“养生”这个关键词的时候，会看到 @ 王大厨这样一个账号，如图 4–22 所示。也许你感到有些奇怪，仅从他的账号名称上看，与养生没有任何联系，为什么系统会将其归入“养生”账号行列呢？原因很简单，我们看下 @ 王大厨的简介就知道。原来，在他的账号简介中有“养生”这两个字，如图 4–23 所示。所以，简介中一定要布局与账号内容相关的关键词，这样有助于扩大账号的涉略范围。

图 4-22　养生搜索栏中的 @ 王大厨账号

图 4-23　@ 王大厨账号简介

三、微视频昵称三个忌讳

微视频取名的方法有很多，定位不同，需求不同，方法也不同，但总有些原则性的东西是不能违背的，不能犯忌讳。这里总结出微视频账号命名不能违背的三个原则。

（一）避免使用大量的群体性词汇

群体性词汇是指意义比较宽泛，没有特定指向的词，比如“××美食”、“××服饰”之类的微视频名字就不太好，不但显得平台不够专业，还无法准确锁定客户，显现自己的特色，尤其是知名度较低的品牌，所指必须有明确的指向性。

（二）避免使用生疏、冷僻的词汇

如果所选的词汇较生僻、冷僻，那很少会有人搜到，也很少会有人记住。比如，一个专门做手工制作的微视频取名叫“小沐咂”就不太恰当，一个是“小沐咂”与手工制作没有直接的关联，另外则是因为“沐咂”这两个字不利于阅读和识记。

（三）不能违背消费者的心理

命名要真正触动用户的某种心理，极大地诱发联想和想象。很多人给微视频起名比较随意，容易“触犯”大众的逆反心理，不但无法引起用户关注，反而会让其产生厌恶感。比如，一家提供夜宵的餐馆，取名为“@深夜谈吃”，夜宵本就在晚上吃——很合理，但定位在深夜就过了，给人以深深的罪恶感——深夜是休息时间，如何谈吃？

给微视频拟名称，与给企业、产品命名的道理是一样的，除了要反映企业、产品的基本特性外，还要兼顾到消费者的消费心理、消费习惯等，要满足用户的求知欲、审美需求等。比如，“@极限运动”是个宣传运动微视频，“@十月呵护”是个宣传孕育的微视频，这些昵称不仅实用性强，而且充满情趣，给人以丰富的想象与憧憬。

第三节
微视频内容的选择途径

利用微视频来吸引粉丝，聚拢人气，最关键的是要有高质量的视频内容。那么，视频的内容哪里来呢？主要有两种途径，一是转载和分享他人的，二是自己拍摄。无论采用何种途径，有一点必须注意，即一定围绕账号的定位，从用户需求出发，只要本着这两点，无论你的视频内容是否是原创都可以收到很好的效果。具体来讲，微视频内容可从以下六个方面来提炼或加工。

一、紧紧围绕所提供的产品和业务

发什么内容的微视频，需要坚守的一个最核心原则就是看自己能为消费者提供什么，即所推送的任何内容都是为产品服务的。任何一家企业的微视频内容推送都必须以产品（服务）为基础，并在此基础上深度挖掘。如宠物医院发布的视频，一定要与宠物有关，这样才能进一步吸引宠物的主人或者爱宠物的人士关注，图 4–24 所示为美容师正在护理小狗。

图 4–24　某宠物医院发布的视频

二、紧贴观看者的需求

观看者需要什么，我们就提供什么，这就要求企业或主管微视频营销的人员一定要围绕用户需求选择视频内容。在上传微视频之前，要对用户需求进行分析，并善于发现、挖掘用户的隐性需求。

比如，央视的《小丫喊你回家吃饭》栏目备受关注。在我们的微视频中也有很多“吃货”视频、直播，而且涌现出很多火爆达人。为什么人们越来越喜欢吃，追崇“吃货”？其实，这是一种心理的体现，谁都喜欢吃，但并不是谁都能吃到美食，无论是受限于客观条件无法吃到，还是主观原因不会做，总之，正是因为吃不到才羡慕那些天天吃的人，也给那些“吃货”们提供了展示自己的空间。有网友就如此感叹：“为什么看别人做饭是件愉快的事，自己做就烦躁呢？为什么别人可以把做饭当成乐趣，自己却做不到呢？我陷入了深深的思考。”这说明什么？“想吃”就是大多数人的一个隐性需求，这也是美食节目、视频及大“吃货”受欢迎的根本原因。站在企业的角度，如果你经营的项目与“美食”有关，且能围绕“吃”去打造微视频，而且做得特别有特色，就能抓住用户的最大需求，那必然会大受欢迎。

我们来看一个淘宝卖煎鸡蛋锅的商家如何打造“吃”的视频，如图 4-25 所示。仅看微视频，就是一个煎鸡蛋的过程，但在下面的视频简介中则注明：视频里的煎鸡蛋锅送货上门，并附上了淘宝链接。

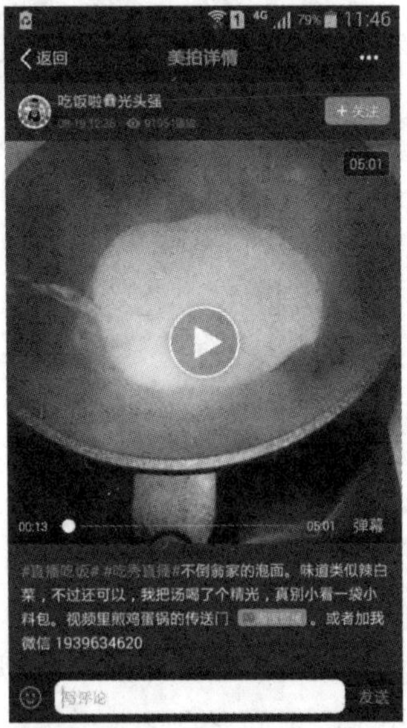

图 4-25　某商家视频卖锅

三、围绕产品或服务进行知识延伸

单纯的产品介绍、产品推荐已经无法吸引用户的购买兴趣，尤其是微视频营销，推销过于直接反而会令消费者反感。如果能推送一些与产品或服务有关的延伸性知识，用户接受起来比较容易。这就要求企业产品策划人员或运营者善于制造与产品或服务有关的话题。

以 RIO 鸡尾酒的一个微视频为例，如图 4-26 所示，他们没有直接推销酒，更没有介绍这种酒的优势和价值，而是教用户如何自制瓶起子。由于酒盖是金属的，如果手头没有现成的辅助工具的话很难打开，该视频正好解决了用户的这一烦恼，只要身边有一张纸就足够了。微视频演示了如何用纸自制瓶起子的过程，简单的几步，最后竟用这个自制的纸起子打开了酒。这一内容非常具有新意，不但间接地宣传了产品，又解决了部分消费者因无法打开瓶盖的困扰等实际问题。

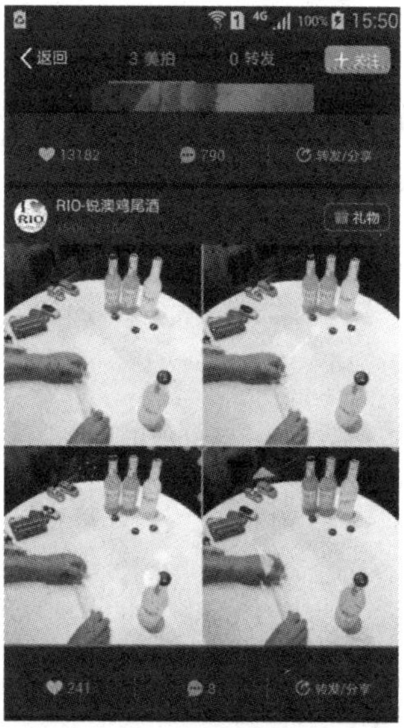

图 4-26　RIO 鸡尾酒自制纸起子的视频

四、展示某款产品或服务

直接展示产品，通常情况下不建议做，但在特定的情况下也非常实用，而且效果奇好。如新产品发布、节假日特大优惠等，直接推销更能吸引消费者，而且着眼点很小，就是单纯地推销某一种产品，反而更容易被关注。例如，巴黎欧莱雅是著名的化妆品品牌，其常常利用微视频展开营销攻势。

五、展示企业文化

展示企业文化、经营理念等也是企业微视频营销主要内容之一，通过展示与企业有关的文化背景吸引消费者，强化消费者的黏性，取得消费者的认可。

文化层面的东西更能深刻反映一个企业的底蕴，更有利于促使消费者了解企业，对企业产生更深信任和忠诚。这种内容尤其适合一些知名度较高的企业、新兴企业或新崛起的企业新秀。

《城市画报》，一本坚持原创精神的城市青年生活杂志，以反映现代都市年轻人生活形态以及生活方式为宗旨。他们的微视频也秉承了这一理念，时刻在透露着自己的企业文化和经营理念，如图 4-27 所示。

图 4-27 《城市画报》宣扬自己企业文化的视频

六、借助社会热点事件制造话题

借助社会热点事件制造营销话题，是一种事件营销、借势营销，在传统的营销中比比皆是。同样，这也可用于微视频内容，也可以称之为是一种借“题”发挥的做法。在这个全民营销的互联网时代，网络热点总是层出不穷，借助社会热点进行推广和宣传，更容易取得消费者，尤其是网络消费者的共鸣。

H&M 就善于利用大家喜欢的体育故事制造微视频话题，每期都讲述一个运动故事，如图 4-28 所示。

图 4-28　H&M 制造的体育故事微视频话题

值得注意的是，以上这几个方面并不完全涵盖微视频的取材途径，还有很多其他选择途径。在实际应用中，尽量以企业自身、所售产品或服务的实际情况为基础，综合多种渠道去搜集、整合材料，拍摄出更多富有新意的原创微视频，从而可准确地表达出自身独特的观点、思想和情感。

第四节
微视频内容选择原则：创新、互动

一、创新

创新永远是任何事物的生存之本，更何况以创意为主的各类微视频，因此，企业或品牌商在设计微视频时应顺应营销的多元化发展趋势，整合其他营销手段，整合多方技术，带给消费者突破性的体验。延伸移动营销的价值是企业微视频营销的有效手段。例如，微视频营销与传统广告、视频营销、店面促销、事件营销等独立营销方式进行整合，形成整体协同效应，最大化营销效果。LBS位置定位、手机身份识别、AR增强现实、重力感应、陀螺仪等新技术的不断出现，让微视频可通过技术整合，拥有以前传统营销方式内容上无法比拟的优势。

很多人好奇为什么微视频营销的效果这么好，一个很简单的道理：视频带来的传播效果永远是好于图文的。给你一张美女图片和一段美女视频，你选择哪个？如果再配上各种特效、音乐、色彩等，效果更好，更容易被接受。

微视频除了在技术上寻求创新外，还可以在内容方面去挖掘创新点。如与众不同、新颖奇特的创意内容与品牌或产品的核心概念相融合，能有效地反映出产品主旨或品牌理念，让消费者在观看微视频的过程中自然而然地了解产品和品牌信息，让用户在娱乐的同时对品牌形成一定的黏性，使其在选择此类产品时能更多地考虑自己的品牌。

“十月呵护”是一个用户黏性非常高的微视频，它的黏性为什么如此之高，靠的就是内容的创新。它的选材、表现方式与大多数孕育类视频不同，摒弃单一的说教，而是采用现场作画的形式，赢得了客户好感，从而将每个用户发展成为最忠实粉丝，造就了用户的良好口碑，进而在更大范围内有了影响力。

任何一款微视频想要持续吸引用户，都必须不断更新，并根据用户需求调整，通过推出更便捷服务来为消费者创造附加价值，提升品牌更广的影响力，树立良好的品牌口碑。

综上所述，在寻求微视频创新突破时，要善于从外、内两个层面入手，从外包括表现形式要新颖，推销方式要多样化，功能设置要合理，符合用户需求；从内包括要注重内容，为用户提供最有价值的信息，充分体现品牌的独特性和价值。

微视频营销是未来营销的主要发展趋势，正在以迅雷不及掩耳之势横扫整个业界。在不久的将来，微视频营销势必会代替传统营销模式，成为新的主宰。因此，每个企业都需要拥有自己的一款微视频，甚至多款，真正实现了企业与用户的直接对话。

二、有利于互动

互动性是微视频营销的一个主要特征，一个微视频靠什么吸引用户，主要就是通过与用户展开互动，而且，这种互动要具有持续性、创新性，能引导用户长久关注。

每日瑜伽 DailyYoga，是一个瑜伽培训基地推出的微视频，这里的每个瑜伽分步骤都是与顾客互动进行的，如图 4–29 所示。里面包含有多种瑜伽招式，除了有名的如半月式、虎式、摇摆式外，也有一些主题性瑜伽，例如办公室瑜伽、排毒瑜伽、热瑜伽和十分钟瑜伽等，为不同人群带来不同选择。这个微视频基本上都是以分解动作演示、语音辅助的方式进行。一个步骤一个步骤地教授，动作简单，易于学习，通过图解分解动作，用户可轻松地学会瑜伽动作。

图 4–29 每日瑜伽 APP 与用户的视频互动

@麦兜叔叔在粉丝中的人气很高，他的美拍微视频账号粉丝达一百六十多万，被赞三千多万次。他为什么会有如此高的人气？原因是他与粉丝的情感基础比较好，推出的大多数视频虽然不是原创，但都是大家最关心、最喜欢谈论的话题。如2016年里约奥运会举办期间，他就精选各种中国奥运健儿的信息，以微视频的方式与大家分享，如图4-30所示。

图4-30　2016年中国奥运健儿视频精选

互动性将是未来移动互联互动广告的一个方向，可帮助企业的传统媒体广告更有创意地融合到（移动）互联网，激发传统广告的二次传播力。因此，如何增强微视频的互动性也成了企业、品牌商开发者们最关心的问题。

第五章
微视频社区或平台的功能介绍

微视频的上传、播放、分享以及与粉丝的互动，都依赖于微视频社区或平台。社区或平台不同，效果也不同，这都源于社区或平台上功能的差异。微视频社区或平台的功能基本由两大部分组成：常用功能和特色功能。在使用这些平台之前，需要先对这些功能进行详尽、足够的了解。

本章导读

第一节　微视频社区或平台常用功能介绍

第二节　分段拍摄：分段拍摄再组合

第三节　浏览功能：不登录也可浏览内容

第四节　邀请功能：将其他平台上的朋友加进来

第五节　互动功能：支持的五种互动形式

第六节　分享功能：可同时分享多个平台

第七节　微视频社区或平台特殊功能介绍

第一节
微视频社区或平台常用功能介绍

各个微视频社区或平台的功能，既有相似之处又有不同之处，因此，我们在介绍这些功能时，仍是按照不同的微视频社区或平台分别进行。相同或相似的功能集中介绍，不同的功能分开介绍。仍以美拍、微视、秒拍为例，三大微视频社区或平台共同的功能如表 5-1 所示。

表 5-1 微视频社区或平台共同具有的功能

功能	详解	备注
上传视频	将拍摄好的微视频一键上传至自己的账号，供用户和粉丝观看。	
播放视频	有“仅在 WiFi 下自动播放”、“始终自动播放”和“禁止自动播放”三种模式。	通常选择禁止自动播放，防止无意中消耗流量。
照片功能	美颜功能可使照片更立体、更动感，也更能帮助用户表达自己、展现自己。	
邀请好友	邀请 QQ、微信、新浪微博等社交平台上的好友成为微视频好友。	
分享功能	可将微视频分享到其他平台，让更多的人看到微视频。	
搜索功能	根据自己的需求，在搜索栏里输入关键字，搜索自己要关注的用户及想看的微视频，点击关注即可。	如在搜索栏里输入范冰冰，搜索时可看到范冰冰或者与其有关的微视频。
提醒功能	包括新朋友提醒和消息提醒。当有新的粉丝注册、添加，或有信息时会有一定的提示。	朋友提示可设置为数字提醒，用数字显示新加入好友或信息的数量。消息提示可以设置为“全天提醒”，也可以自定义设置提醒的时间段。
消息管理功能	可以选择接收所有人的私信和只接收自己关注的人的私信。	
手机通讯录匹配功能	通过“通讯录好友”栏目去关注已开通微视频的联系人，也可以去邀请没有开通微视频的联系人。	
隐私设置	可以设置是否把自己推荐给通讯录上的朋友以及向自己推荐通讯录中的好友。	

第二节
分段拍摄：分段拍摄再组合

微视频的拍摄非常简单，在所注册的微视频社区或平台上都可直接进行拍摄。通常为直接点击录制键，即可将要拍摄的画面拍摄下来，如图 5–1、图 5–2 所示。

拍摄完毕后直接点击完成键(即“√”)就可发布，如图 5–3、图 5–4 所示。如果对拍摄的微视频不满意，点击“×”按钮，上一段视频就显示红色，确认要删除即可，如图 5–5、图 5–6 所示。

图 5-1　微视微视频拍摄界面

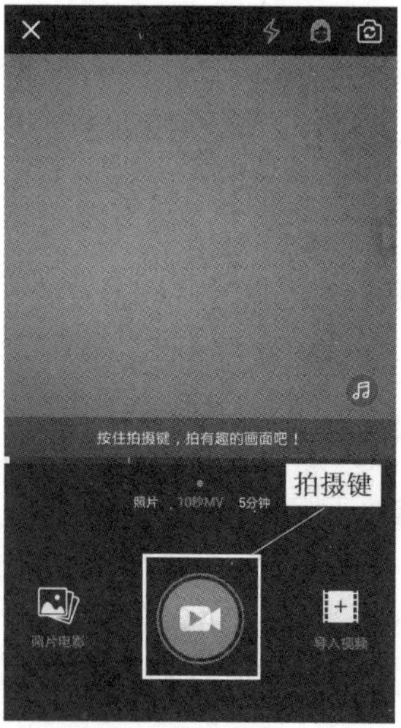

图 5-2　美拍微视频拍摄界面

图 5-3 微视微视频发布界面

图 5-4 美拍微视频发布界面

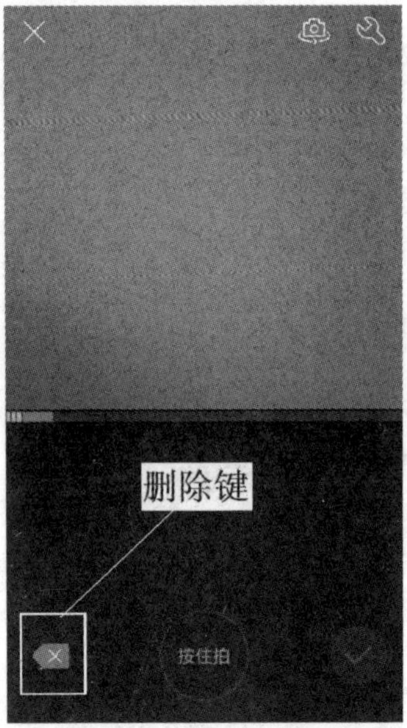

图 5-5　微视微视频删除界面

图 5-6　美拍微视频删除界面

为了得到更好的效果，微视频拍摄中途还可以暂停，制造出画面跳转的效果。不过，千万注意拍摄时间，目前最长的微视频只支持 5 分钟的拍摄（如美拍），且不支持 MV 特效，如图 5–7 所示。

图 5–7　美拍 5 分钟视频模式

微视频拍摄中途可以点击“延时”按钮停止拍摄，然后寻找下一个拍摄镜头，再点击“延时”按钮就开始下一段的拍摄。这样一个 8 秒视频就可以分成很多段来拍摄。分段拍摄可以拍出魔术效果。

第三节

浏览功能：不登录也可浏览内容

浏览功能是所有微视频社区或平台共同的一个功能，即用户新下载该社区或平台后，在未登录之前，仍可浏览平台上所有的微视频的精彩内容，并且可通过“发现”栏目查看新近更新的视频，如图5-8所示。这一功能大大增强了用户对微视频的喜爱程度。

为了增强体验性，有的微视频社区或平台还开通了未登录先体验的功能，即不用登录也可全程拍摄，如图5-9所示；拍摄好的视频既可以存草稿，也可以直接发送，如图 5-10 所示。

图 5-8　美拍上的“发现”栏目

图 5-9　微视的未登录先体验功能

图 5-10　微视微视频的发布、分享功能

第四节

邀请功能：将其他平台上的朋友加进来

邀请功能是指当注册微视频账号后，为吸引更多的粉丝关注，可先将其他平台上原有的人脉资源引流过来，如 QQ 好友、手机好友、微信好友、微博好友等，图 5-11 所示为微视邀请好友界面。具体操作方法为：登录账号→进入账号系统→找到“新的朋友”→单击进入，直接可添加手机通讯录好友，或进入要求好友界面直接添加好友。其他微视频社区或平台邀请方法也与此类似，十分简单。如果你已经在其他平台上积累了足够多的用户、忠诚粉丝，那么，就可以凭借这个基础迅速积累一大批原始微视频粉丝，为日后的推广、营销、互动奠定十分坚实的基础。

图 5-11　微视邀请好友界面

第五节

互动功能：支持的五种互动形式

微视频社区或平台支持多种形式的互动，用户可以对喜欢的微视频进行转发，还可以评论和私信微视频账号运用者。不过，不同的微视频社区或平台互动形式也不同，微视每条微视频下面从左到右依次是“转发”、“评论”、“赞”、“分享”四个互动按钮，如图 5-12 所示；而美拍则只有“赞”、“转发”和“分享”，如图 5-13 所示。尽管互动的形式有所差异，但所有的微视频平台基本都涵盖了“转发”、“评论”、“赞”、“分享”和“私信”这五种，只要具有这五个中的至少三个就基本可以满足互动需求。

图 5-12　微视的四大互动功能

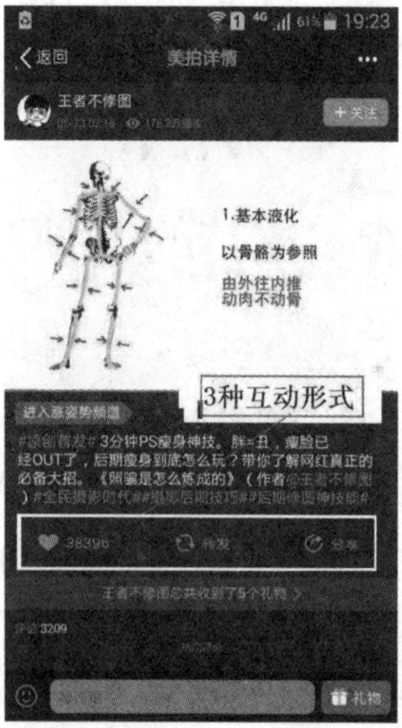

图 5-13　美拍的三大互动功能

由于很多微视频社区或平台开通了直播功能，因此而有了另一种互动方式——粉丝给直播主送虚拟的礼物，如汽车、鲜花等，积攒到一定数量后可以卖掉变现；也有铁杆粉丝会直接送红包，这也是直播主播盈利的一种方式，图 5-14 为某微视频的直播互动截面。

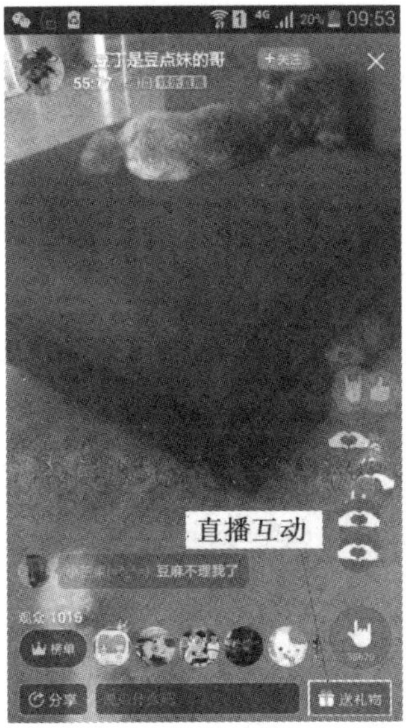

图 5-14　某微视频的直播互动截面

第六节
分享功能：可同时分享多个平台

各大微视频或平台都在充分利用可依托的社交平台，如微信、手机 QQ、新浪微博、腾讯微博、QQ 空间等，聚集着用户的社交关系链。对于用户而言，更多的内容除了分享给粉丝外，也可传播到不同的社交网络当中，尤其是微视和微信之间的无缝对接。如粉丝对某微视频比较感兴趣，且愿意与自己的好友分享，便可以直接通过相应的功能键进行分享，如希望与某个微信好友分享，则可以按照以下步骤操作，先选择微信好友功能键，如图 5–15 所示；然后，注明分享理由，如图 5–16 所示。

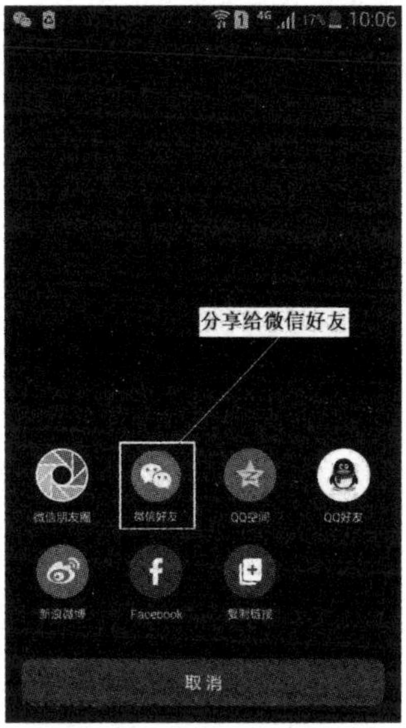

图 5–15　分享微信好友

图 5–16　注明分享理由

第七节
微视频社区或平台特殊功能介绍

前面所述的功能可以说是各微视频或平台最基本的功能，几乎每一款微视频社区或平台都会具备或至少应该具备。但是，很多时候这些基本功能又是无法满足用户需求的，每个平台为体现自身的特色，都会添加一些比较独特的功能，如美拍的直播功能、滤镜功能、一键合成功能；微视的二维码、扫一扫功能等。

一、美拍

（一）直播功能

大概是受直播“网红”的影响，美拍在2016年年初开通了一个新功能——直播功能，接轨最潮的分享模式。进入最新版的美拍APP就可以看到这个功能，直播间各种好玩的直播眼花缭乱，各路“大神”尽显所能，直播化妆、直播唱歌、直播跳舞等。在直播同时，观看者可与直播、观看者与观看者直接进行互动、交流，送主播礼物，对直播给予评价、分享。图5–17所示为某“网红”正在直播玩塔罗牌的技巧，引来一千两百多名观众的围观，点赞超过十万余次，有的粉丝还要求永久保存该微视频。

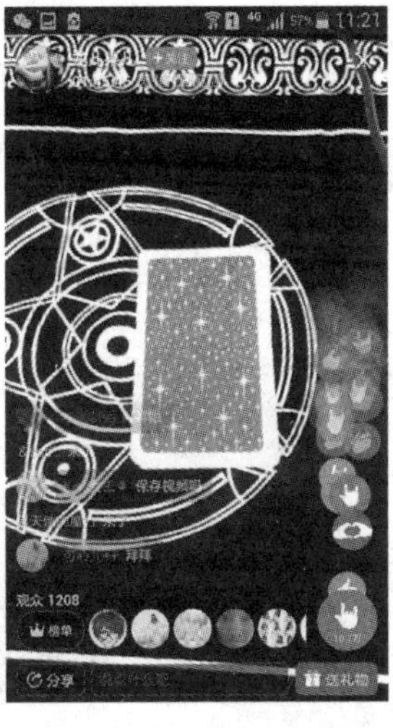

图5–17　某“网红”直播玩塔罗牌技巧

（二）照片电影功能

美拍V1.5版被认为是“美拍历史上最重要的更新”，这是因为一个新功能的开通——“照片电影”功能，如图5–18所示。这个功能是指用户选定3张～6张照片，将一组静态照片转换成10秒微电影，如图5–19所示。同时，可以配上不同的背景音乐、MV特效、滤镜，以及集成的英文“字幕”。制作完成后，不仅可以上传至美拍平台、新浪微博、微信、QQ 空间，还可将成品关联到美拍广场相关热门话题中。

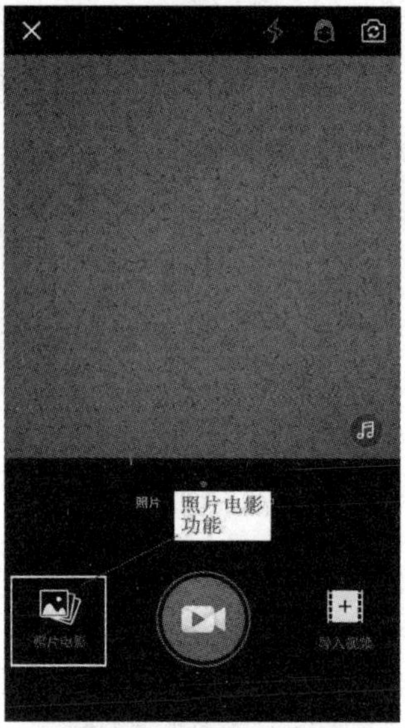

图 5-18　美拍上的照片电影功能

图 5-19　选择照片开始制作

照片电影功能打通了图片与微视频的界定，使得用户体验更加丰富，拍摄选择性更加多样化。

（三）滤镜功能

美化照片的软件有很多，每个用户都可以说出几款，有主打美颜的，有主打恶搞的，花样繁多，但美化视频的软件恐怕就不多了。美拍是一款高质量、零难度的视频美化应用，只要点击最下方的录制按键，将可把看到的美景通通拍摄下来，再通过滤镜功能使视频更唯美、更清新、更富有吸引力。

美拍有 9 种滤镜供用户选择，日系风、欧美风或者比较有个性的黑白风、复古风等，会让视频具有多种风格，图 5–20、图 5–21 所示为使用滤镜功能前后视频的对比图。

图 5–20 使用滤镜功能前

图 5-21　使用滤镜功能后（窗扉）

（四）一键打造 MV 特效

如果只有滤镜的效果，画面可能是仍有点单薄，为了让微视频更具有大气的感觉，美拍还有另一种功能——MV 特效。美拍最大的亮点就是一键点击后，剪辑美化一气呵成，只要点击菜单中的“MV”，在下面的特效中选择，任何一个即可让视频改变效果，图 5-22、图 5-23 所示分别为使用“Poster”、“那些年”MV 特效后的效果图。

美拍支持添加地理位置信息，用第三方账号登录后还可以显示昵称，片尾结束时看到自己的名字出现在屏幕上，让用户瞬间有种当上大导演的自豪感。

图 5-22 “Poster”MV 特效效果图

图 5-23 “那些年”MV 特效效果图

（五）配乐功能

在剪辑美化之后，美拍中还提供了多种曲风的配乐，或流行的，或浪漫的，风格、旋律都不同。可以使用系统自带、推荐的音乐，也可自行下载其他音乐，如使用手机中自存的本地音乐，如图 5-24、图 5-25、图 5-26 所示。如何使用，你可以根据自己拍摄的内容而定。如果拍摄时环境比较嘈杂，还可将原声关闭。

图 5-24　系统自带“我的音乐”

图 5-25　自行下载“下载更多音乐”

图 5-26　手机自存的“本地音乐”

二、微视

（一）延时拍摄

“延时拍摄”是微视上一个比较独特的功能，尽管其他微视频社区或平台也可以玩出这样的效果，但在操作的便捷性上稍逊一筹。打开微视进入拍摄页面后，底栏第二个便是延时拍摄。启动该功能后，无需再手按屏幕，界面显示倒数 3 秒后，便自动进入拍摄状态，拍摄完成后还会自动转至编辑页面。这个功能对很多喜欢自拍的用户来说是个大福利，只要点开此功能，或单手握着手机，或将手机固定在一个位置上，想怎么拍就可怎么拍，就算来一段自编自导的情景剧也不在话下，解放了双手，大大拓展了拍摄和玩创意的空间。比如曾经在微视上极为流行的“假装在一起”玩法——一个人分饰两角，伪装成两个人在谈恋爱的假象。在无人协助拍摄的情况下，选取合适角度，将手机固定好，打开延时拍摄，背对摄像头，用自己的双手模仿出好像有人在拥抱自己的感觉，一条“假装在一起”的微视频就轻轻松松搞定了。

（二）二维码名片功能

每个微视用户都有一个专属的二维码名片，只要其他用户扫一下这个二维码，就可以关注了，如图 5-27 所示。这个功能有点类似于微信中的二维码，非常便于企业自我推广。二维码名片便于用户扫描二维码名片来关注自己的微视，也可以直接登录网页版微视。

图 5-27　微视二维码

（三）账号绑定功能

前面多次提到，微视最大的优势就是它是腾讯旗下的产品，而腾讯的产品是自成一个体系的，相互之间可无障碍相连和转换。如将微视账号与 QQ 空间、微信、腾讯微博进行绑定。

三、秒拍

（一）变脸功能

秒拍的变脸功能具体包含瘦脸、幻眸、大眼睛、魔鬼、桃花眼、马赛克、羞答答等十几个特效。用户可以使用滤镜美化皮肤，提升面部亮度，消除脸上的痘痘，并通过改变脸颊来实现瘦脸效果，让自己整体上看起来更迷人。还可以调整眼睛颜色，并使用大眼睛特效把眼睛变大，甚至变成桃花眼等。同时，马赛克、魔鬼、变胖等特效又具有一定的趣味性和可玩性，便于用户娱乐和传播。

（二）拍摄多样化

进入秒拍拍摄界面，按住屏幕进行拍摄，可以选择摄像头翻转改为前置摄像头拍摄，可以选择开启闪光灯。

（三）智能变声功能

秒拍独家提供视频实时变声功能，能把你的声音变成蜡笔小新、汤姆猫及各地方言等好玩声音。

（四）一键唤起功能

秒拍轻松将手机里的视频分享给家人、朋友以及微博、人人网、QQ 空间等第三方平台和 SNS 社区。

第六章

运作：利用微视频打造“网红”产品

微视频尽管是个技术活，但就整个拍摄过程的把控、拍摄技巧的掌握而言，仍是一个自然而然的过程。要真正发挥微视频在营销中的作用，最重要的还是运作好，这就需要管理人员积极布局，通盘考虑，明确方向，科学规划。同时，对微视频面对的潜在人群、市场进行全面的评估和考量。

本章导读

第一节　积极布局：传统企业如何做“网红”
第二节　选择平台：微视频将是营销的新平台
第三节　明确方向：微视频一定要体现行业特征
第四节　科学规划：企业微视频营销的两大主题
第五节　界定人群：适合做微视频营销的五类人
第六节　全面评估：并不是谁都适合做微视频营销

第一节

积极布局：传统企业如何做“网红”

当“网红”成为一种经济现象，进而被很多企业认可，一些有资源的企业也开始步入自己的“网红”模式，目的就是将自己的企业打造成“网红”企业，将自己的产品打造成“网红”产品。例如，有的电商与“网红”联手，邀请“网红”代言；有的企业为推荐自己的产品，开始培养自己的“网红”；有的企业开通微视频账号，在微视频社区或平台上直播等；有的企业通过给想在微视频上做营销的客户提供服务来挣钱。从营销的角度来看，这一系列行为都是在充分享用“网红”资源，使企业或某个产品具有“网红”的特征，赢得更多粉丝的关注。值得注意的是:在打造“网红”企业、“网红”产品,运用“网红”营销模式时，千万不能再用做传统营销的思维去做。以往那种先对产品进行策划、定位，然后再制订策略、确定渠道、寻找市场的做法已经不再适用。“网红”营销模式核心不在卖货上，而是要引导粉丝追逐自己的生活方式，因为“网红”跟粉丝压根儿不是卖和买的关系！两种营销模式的区别如图 6–1 所示。

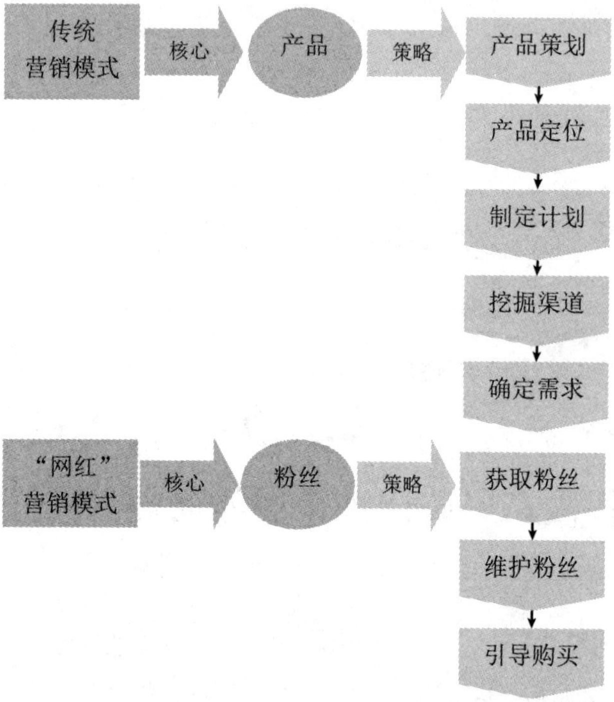

图 6–1　传统时代与“网红”时代的营销模式流程图

从图 6–1 可以看出，传统营销模式与“网红”营销模式最大的区别在于: 核心定位不同，营销策略不同。前者是侧重于打造产品，后者侧重于吸引粉丝，因而导致所采取的营销策略也截然不同。前者从企业产品策划到消费者购买，基本上是一个环环相扣的过程，任何一个环节出现问题都可能影响到最终的效果。后者则不同，卖什么，如何卖已经不是重点，关键是要拥有一批高质量的粉丝。以前我们说喜欢一个人并持续关注他就是粉丝，而今天的粉丝不同，他们与经济挂钩，也就是说，他们宁愿对自己喜欢的这个人发生一个或一系列购买行为，用购买的方式产生对偶像的一个情感溢价。

粉丝经济彻底改变了现如今的商业模式——框架反转，即把东西卖出去，反转成你要来我这里买东西。这有点像电视栏目《非诚勿扰》，男嘉宾先通过自我展示，钩起女嘉宾的兴趣，最后剩下来的女嘉宾权力反转，反过来让男嘉宾来挑！那么，传统企业究竟该如何物色适合自己的“网红”？可以通过以下两个途径来物色，如图 6–2 所示。

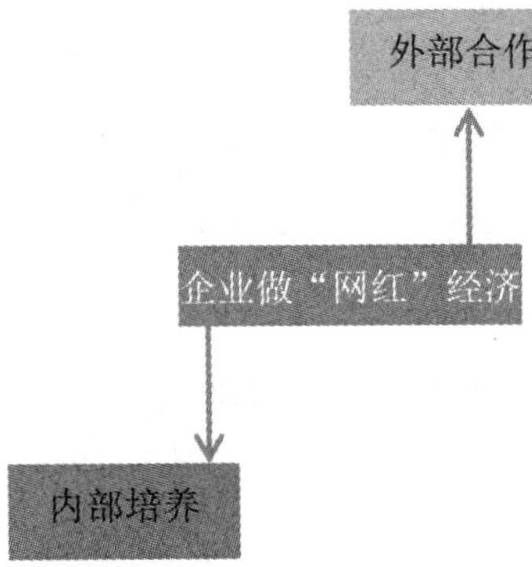

图 6–2　企业物色“网红”的两个途径

一、与已成名的“网红”合作

让企业具有“网红”的特征，与已成名的“网红”合作是一种较省时省力的方法，可以充分利用“网红”的社会影响力迅速打开市场。

爱茉莉太平洋是享誉全球的一家韩国化妆品集团公司，它的一款洗发水品牌——“吕”因邀请了中国美容领域的十多名“网红”

参与，从而打进了中国市场。该公司为这些“网红”们提供从头皮护理到洗发和彩妆的“全套服务”，同时让“网红”们出席了购物中心、免税店等三家企业的活动，而后将参加活动的照片分别发至自己的社交账号。两个月后，“吕”在中国的月销售额创下 1300 万元的销售纪录。和前一年同期相比，增长了 6.7 倍。该品牌的相关负责人说：“看到销量激增，切实感受到了传闻中的‘网红’效应。我们计划本月中邀请‘明星级网红’，并将活动的全过程拍摄成视频。”

需要注意的是，企业直接与已成名的“网红”合作也有劣势，成本较高，如同邀请名人代言一样，需要支付一定的费用。而且，合作稳定性较差，无法形成稳定、系统的发展模式，无法为粉丝提供持续有力的服务。

二、培养自己的“网红”

为什么要自己培养“网红”？除了成本低之外，还有契合度的考虑。例如，想卖美妆用品，当然就需要美妆类“网红”；想卖衣服，就要签服装类“网红”；想卖意大利红酒和美食，就得培养意大利厨师“网红”……假设一家卖红酒的企业，却找一个服装类“网红”合作，其效果肯定不太好，因为粉丝属性不同，即使有几百万的粉丝，购买率也很低。因此，在吸收一部分名气较大的社会“网红”资源的基础上，还需要有一批小“网红”，形成“网红”矩阵！这就需要企业自己培养一批“网红”，这些“网红”要充分了解企业，与企业的属性相符合，且能全心全意忠诚于企业。比如创始人、核心的骨干合伙人、创始人家庭成员等都可以成为培养“网红”的对象。

美宝莲在一次新产品发布会上采用了自己“网红”直播的形式，他们用 50 个“网红”参与这场活动，并对整个的盛况进行直播，如图 6-3 所示。直播中用手机直播了 Angelababy 在代言品牌的全部细节。Baby 也跟粉丝互动了一把。“网红”直播加上 Angelababy

代言，赢得了众多粉丝的关注，活动结束后，统计显示有超过五百万人次的观看。

图 6-3　Angelababy 直播美宝莲新产品发布会

利用这场新产品发布会直播的机会，美宝莲官方直接在直播中卖起了产品，直播页面下面出现了一个购物车的小标志，观众只需要进行简单的操作就能下单。官方的这一举动直接让大家的注意力不可抗拒地转移到了产品上面，以致该产品的销量达到了惊人的10000 支（转化为实际销售额为 142 万元）。

作为企业必须要明白，“网红”必须要跟自己的企业有利益相关的关系。利益绑定越深，他或她才会不遗余力为企业推广，企业也才越放心去砸钱培养。不过，利用“网红”来搞“经济”是近年才逐渐形成的一种新兴的商业模式，因此，“网红”经济到底应当如何发展，尚未有定论。

第二节

选择平台：微视频将是营销的新平台

微视频造就了“网红”，在国外微视频“网红”已经非常火，遍及生活的各个方面，微视频社区或平台也很多，聚拢了大量粉丝。在这种情况下，不少微视频开始尝试商业化，这说明微视频社区或平台已经脱离了单纯的社交功能，还是向商业功能转变了。

随着微视频的火爆，视频行业也开始重新洗牌，这预示着视频行业的发展将进入一个新阶段，竞争更加激烈。自从 2014 年以来，国内各种微视频社区或平台应运而生，到2016年已经增加到两百多个。以微视、美拍、秒拍为主的三大平台基本上主导着整个市场，占据着市场80%以上的用户。相关的产品如映客、花椒、ME直播、唱吧、faceu以及大量移动直播APP等的出现，也丰富了微视频市场。

“网红”经济某种意义属于社群经济或者粉丝经济的范畴，主要有直播、录播两种形式。从技术角度来说都必须借助于一定的平台，即上面我们提到的美拍、秒拍等。因此，从某种意义上讲，是微视频造就了“网红”，做“网红”必须依赖于一定的平台，要选择一个好的平台。

下面，我们以秒拍、微视、美拍三大主要微视频社区或平台为例分析微视频的营销特点。这三大视频社区或平台用户众多，占据的市场份额大，功能齐全，又各有特色，颇受用户青睐。

一、秒拍、微视、美拍简介

（一）秒拍

秒拍是国内较早的一款短视频分享应用，由北京炫一下(北京)科技有限公司推出。作为国内领先的微视频社区（平台），秒拍一直以庞大的用户数和用户活跃度在业内著称，颇具权威，主要内置于新浪微博、手机客户端等。

秒拍的出现，改变了视频网站以往那种毫无神气、一潭死水的形象，其炫酷的MV主题、清新文艺范儿的滤镜、个性化的水印、独创的智能变声等功能，可使视频有大片的感觉。而且，秒拍可一键同步分享到微博、微信朋友圈、QQ空间，展现出来的视觉效果极具感染力，传播性非常强。

综上所述，秒拍的优势可概括为以下两点，如图6–4所示。

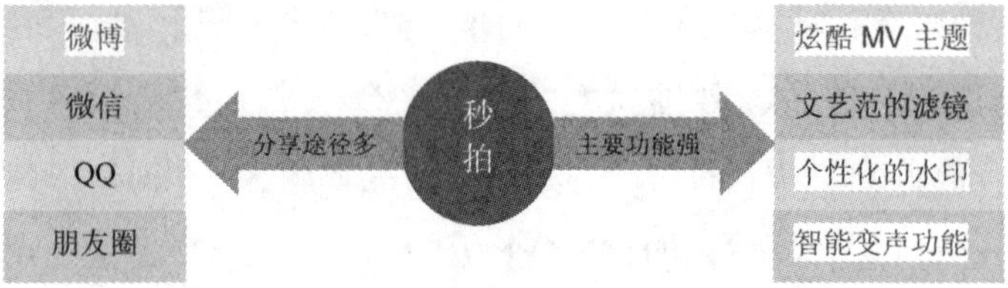

图 6-4　秒拍的两大优势

1. 秒拍的特征

秒拍，顾名思义，最显著的特征是“快”(如图 6-5 所示)，它采用了特殊的拍摄、转码、上传同步技术，能够保证视频快速发布至微博 (实测延迟在两秒左右) 和秒拍应用。而且，同等长度的视频所占容量比其他平台文件都要小，如一段 10 秒左右的视频只占用 600K 左右。

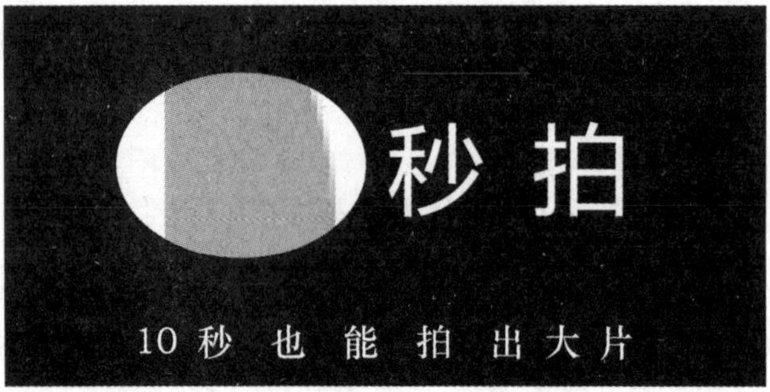

图 6-5　秒拍玩的就是“快”

2. 秒拍的发展历程

- 2011 年 8 月，炫一下 (北京) 科技有限公司成立。
- 2012 年 12 月，VPlayer 荣获 Opera 2012 多媒体应用程序大奖。
- 2013 年 8 月，新浪微博、手机客户端内置秒拍应用。
- 2013 年 12 月，秒拍 3.5 版正式发布。
- 2014 年 7 月，秒拍 4.0 版正式发布。
- 2014 年 8 月，秒拍携众星发起“冰桶挑战”。

（二）微视

微视，腾讯旗下的一款短视频分享应用，这是一款跨平台的应用程序：只要用户的移动终端系统支持 iOS4.0 及以上，或者 Android2.1 及以上就能使用。

微视的定位是短视频分享社区，基于通讯录的设计，便捷的账号体系，无需记忆账号、密码，无需添加好友，用智能设备可实现与人通话。微视会为用户提供全方位联络手段，视频通话、短信、邮件等一站式服务。

1. 微视的特征

如果说 QQ 主要是文字社交工具，微信主要是语音社交工具，那么，微视的定位就是视频社交工具，这样看来，微视的上线意义重大，开启了用户自制剧、购买版权的模式，重新回归到分享视频的模式。

接下来，我们先来从总体上了解一下微视的特征，如图 6-6 所示。

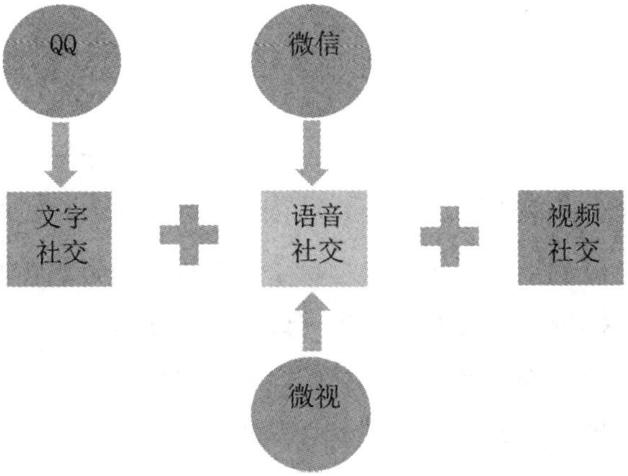

图 6-6　微视较其他沟通工具的优势

2. 微视的发展历程

- 开始：2013 年 9 月微视上线，定位为 8 秒微视频。
- 发展：2014 年 7 月，成立微视产品部的独立部门。
- 调整：后来，微视并入腾讯视频，微视与视频合并。虽然合并，但会继续保持产品的迭代更新和全新发展，不会停止服务用户。两者合并后，更有利于利用各自的产品特点、用户群和产品体验，将形成长视频加上微视频的立体视频体系，可发挥的空间更大，运营能力更加强大。

（三）美拍

美拍是美图秀秀出品的一款短视频社区（平台），一经上市便受到了用户的极大关注，创造了国内市场上多个短视频之最。例如，上线不到 10 个月用户总数突破一亿，成为发展最快的微视频社区；2014 年 5 月，全球 iOS 应用下载排行榜排名第一；2014 年 10 月，美拍广场活动“全民社会摇”成功创下最大规模的线上自创舞蹈视频集的吉尼斯世界纪录；2014 年 12 月，荣获 2014 年度最受欢迎的 APP Store 应用。

1. 美拍的特征

美拍与其他微视频平台的不同之处在于别具一格的美颜效果和场景化设计。美颜效果是指几十款美轮美奂的独家滤镜功能营造出来的效果。拍摄好的视频，只要轻轻一点其下的功能就可呈现相应的效果。如拍摄一段视频，选择一款自己喜爱的特效，就能将简单的视频转化为美轮美奂的小电影，打破了视频与微电影的界线，使一段简单的视频瞬间升级为唯美浪漫的电影大片。场景化的设计是指这是一款拥有 MV 特效的软件，能使普通视频一秒变身唯美韩剧、清新 MV、怀旧电影。拍摄完成之后，可以选择不同的滤镜以及应用内置的 MV 模块，如图 6–7 所示。

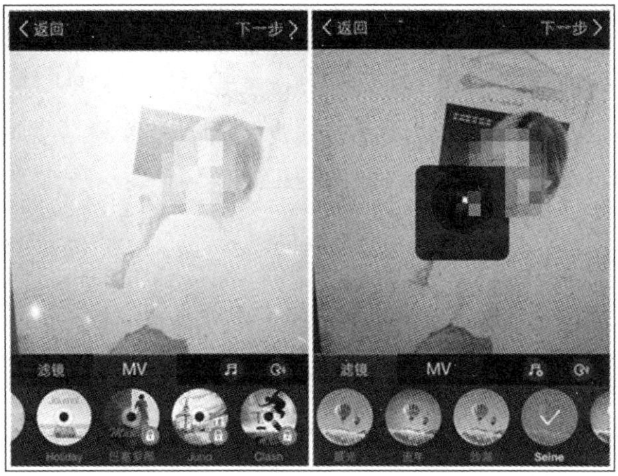

图 6-7 微视频的 MV 特效

2. 美拍的发展历程

- 2014 年，美拍在 iOS 平台发布首个正式版本。
- 2014 年 5 月，成为苹果 APP Store 全球非游戏类免费下载榜冠军。
- 2014 年 8 月，“照片电影”功能推出，几张简单的照片瞬间升级为唯美浪漫的电影大片。
- 2014 年 11 月，“60 秒”功能推出，定义了微视频“10 秒至 60 秒”的黄金拍摄时段。
- 2015 年 1 月，美拍 V3.0 独家推出“表情文”功能，用户总数突破一亿。
- 2015 年 2 月，“大头电影”拜年功能推出，上线 3 日站内阅读量突破三千万，并在微博、朋友圈引发热传。

综上所述，秒拍、微视、美拍是微视频最主要的三大平台，具有很多相同的特征，同时也各具特色，因此，用户量上也差不多。那么，在实际运用中该如何选择呢？当然，同时拥有三个平台是可以的，但大多数用户鉴于人力和时间的不足，同时运用多个账号效果并不见得好，因此，最好选择其中的一种或两种重点运用。那么，在具体使用时该如何选择呢？这就需要结合各个平台的特色及自身的需求进行。倘若你的视频素材以原创为主，建议使用微视；倘若你的用户以女性为主，建议使用美拍。换句话说，三个平台所针对的客户群体有所偏重。

二、美拍、微视、秒拍的客户群体分析

下面，我们来详细了解一下美拍、微视、秒拍的客户群体以及特色功能。

（一）美拍

1. 女性用户的最爱

众所周知，美拍是美图秀秀的一个产品，而美图秀秀是一款什么样的软件？是一个庞大的美图市场。女性是一个庞大的手机拍照群体。据统计，美图秀秀拥有 7.4 亿用户和 4.22 亿移动端用户，其中将近 70% 的用户是女性。业内人士分析，如果有 10% 的美图秀秀用户转化为美拍用户，就可超越其他任何一个微视频社区的用户量。

美拍有庞大的用户基础，紧随其后的分享、社交与导购等一系列商业活动就水到渠成了。美图秀秀导入用户以爱自拍的女性为主，这批用户身边天然围绕着很多男性用户和同样爱自拍的女性用户，这就形成了良好的传播链条。

2. 瞄准用户的“美”需求

美拍定位是一款效果特棒的摄像机——将剪辑、滤镜、水印、音乐、高清画质融为一体。它有三个最基本的功能：①采用了和美国微视频应用 Vine 相同的可停顿拍摄方式；②拍摄完成后，用户可以添加滤镜或内置 MV 模块，它提供了多种 MV 特效模式，包括情书、摩登时代、樱花、百老汇等；③内置了大量背景音乐，用户可为拍摄的微视频配乐。

3. 傻瓜式操作

女人在软件操作方面天生不喜繁琐与复杂。这一点，美拍正好迎合了女人的需求与口味。和美图秀秀类似，美拍通过提供内置模块，让用户一键“傻瓜”式操作，对软件运用再陌生的人操作起来都不会感到困难。如把处理所有复杂的后期视频工作，变成一键式的简单操作，只要按一下，普通视频一秒就能变身精美MV。

（二）微视

1. 海量高黏度用户群

拥有海量高黏度的用户群，微视已经比其他产品有优势了。后来，微视又发布炫酷版，此版本增添了很多新滤镜及主题，大大提高了用户体验。其实，我们可以把微视看成视频版的朋友圈，朋友圈在社交圈中属于强关系，对于大部分用户来说，基于朋友圈这个强关系社交平台，只要你有一定的资源，实现达人梦想并不是难题。

2. 社交分享影响力较大

微视是腾讯系产品，依托财大气粗的腾讯平台，其最大的优势是强大的社交性，因为腾讯拥有腾讯微博、微信、朋友圈、QQ、QQ空间、腾讯视频等很多共享资源和途径，其传播速度、传播面会远远领先其他产品，会逐步形成以微视为主线，微信、微博、QQ为辐射的社交圈。例如，用户可将视频信息分享到其辐射平台上，供更多的人观看和传播，也可一键导入邀请微信好友、QQ好友和手机通讯录好友。因此，微视在营销传播上非常占优势。

3. 侧重于原创而非娱乐

微视最初的设计思路是效仿Vine，以全民创意制作为内容导向，更倾向于媒体属性、宣传属性，而非娱乐属性。这种定位是区别于其他视频社区很重要的一点，更加适合企业用户品牌推广、产品宣传。

（三）秒拍

1. 打通了新浪微博

秒拍依托着新浪的平台，已经和新浪微博处在打通的状态。现在提起微博，恐怕没有人能想到腾讯，虽然腾讯也有微博，这就是新浪的成功之处。很多年前，当“饭否、叽歪、嘀咕、腾讯滔滔”这类微博产品几乎停滞的时候，新浪抓住了机会，从此引发了一场裂变式传播，微博营销的成功也诉说着新浪的一个传奇。

2. 适合微博“大 V”

由于微博在社交圈属于弱关系，这样看来，相当于视频版微博的秒拍并不适合普通用户们使用，它更倾向于做微博“大 V”们的分享平台。

不同的平台所选取的打法也不同，核心在于塑造强烈的个人风格，并且成为某种生活方式的意见领袖，从而在精神上影响粉丝的生活方式。

第三节

明确方向：微视频一定要体现行业特征

微视频作为移动互联网的产物，与企业联姻，同样要体现出企业的行业特性。

微视频没有行业方向，用户就对你没有明确的定位，起码给用户感觉是可有可无的。当用户不明确你存在的意义时，微视频也就失去了存在的必要性。那么，对于一个企业来讲，如何才能体现微视频的行业特征呢？可考虑采用以下三种方法来体现微视频的行业特征。

一、在微视频昵称上体现

一个微视频呈现在用户面前的首先是头像和昵称，如果昵称有特色，在成百上千万微视频中脱颖而出会事半功倍，而体现行业方向是使名称有特色的主要方法。例如，大家最常用的租车软件，它们的微视频昵称上基本都有“租车”一词，如图 6–8 所示；有些培训网站、培训学校最喜欢用的词是“培训”，如图 6–9 所示。然而，为微视频起个好昵称却不是嵌入某个关键词这么简单，还需要结合企业的经营范围、性质和产品或业务类型等更深入地去做内容。例如，一些化妆品、美容美发企业通常以自己的产品、品牌直接取名微视频昵称，“× × 护肤品”、“× × × 美容店”、“× × × 官方旗舰店”等。直接以产品、品牌名来命名微视频要谨慎，毕竟这样会导致目的性、功利性太强，会令大多数用户产生逆反心理。如果不是有硬性需求尽量避免这样做。其实，像化妆品类的企业完全可以做一个“美容百科全书”性质的微视频，为用户提供美容、美颜的方法、技巧等，当用户认可了你的微视频后，即使植入一些广告，用户也比较容易接受。

有些企业直接以企业名称为微视频昵称，这也是不可取的，除非你的企业在大众中已经有较大的影响力或良好口碑，否则，用户不会买你的账。例如，一个以分享生活、娱乐、美食等资讯的网站，微视频叫“余姚生活网”，它是宁波一家叫“宁波网联网络有限公司”旗下的，已经成为当地的一个潮流生活平台。这样的命名很好，既有了企业特性，又附加了地域属性，可使用户轻而易举地知道：这是个什么平台，我能从中得到什么。试想一下，如果直接取名“宁波网联”或“网联网络”等，结果可能会很惨。

图 6-8　微视频昵称中的“租车”关键词

图 6-9　微视频昵称中的“培训”关键词

二、在微视频个性签名上体现

第一次关注某个微视频时，我们会看到首页界面上有个“功能介绍”，相信每个人关注一个微视频号之前肯定会细致地阅读一番。这个介绍就是个性签名，可以很好地定位微视频的特性。图 6–10 为唯品会在美拍账号上的功能介绍，还是大家熟悉的那句话——“一个做特卖的网站”。即使有些微视频昵称比较模糊，通过这十几个或几十个字的介绍也可以明确起来。

图 6–10　唯品会在美拍上账号功能介绍

个性签名可人为设置，一般为申请时提前设置好；也可不定期地修改，不过，每修改一次需要通过系统的审核尚可。

三、在微视频内容上直接体现

真正地体现微视频的行业特征，最重要的，也是最根本的做法还是在内容上直接去体现。即所推送的内容要时刻围绕着本行业，并且努力做出特色，不落俗套，给用户以崭新、别致、眼前一亮的感觉。只要把内容做好、做精、做出特色，成为行业的头牌，自然会让大众熟知,吸引更多用户关注。例如,原创孕期系列视频——“十月呵护”（如图 6–11 所示），该视频都是以孕育知识为基础、以幽默诙谐的漫画风格去展示内容，深受观众的喜欢，粉丝有十几万。

图 6–11　以传播孕育知识为主的“十月呵护”

做好以上三点，一个微视频的基本方向就明确起来了，当用户关注时也能在最短的时间了解到该视频是什么样的，观看后有哪些收获。

第四节
科学规划：企业微视频营销的两大主题

企业要想把微视频营销做好、做大、做强，必须要制定一个适合实际情况的、符合自身需求的规划。

对微视频战略进行规划，需要做好三个前提工作：第一，战略目标假设——运用微视频，我们要做什么；第二，外部环境假设——运用微视频，我们可以做什么；第三，内部实力假设——运用微视频，要达到什么目的。

只有做好规划，才能发挥出微视频这一新兴移动社交媒体与众不同的作用，增强其不可替代性，进而形成市场优势——差异化优势、成本领先优势、目标聚焦优势。

一、战略目标假设——我们运用微视频想做什么

对于企业来说，营销就两个最直接的目标：品牌的曝光认知和产品的销售。无论企业选择什么样的营销方式，这两点都是最根本的出发点。

微视频的定位有两种方法，第一种是直接在公众号上销售产品、提供服务；第二种是通过将公众号打造成一个知识分享、经验传授的平台，而后带动用户接受、认可产品或服务，如图 6–12 所示。

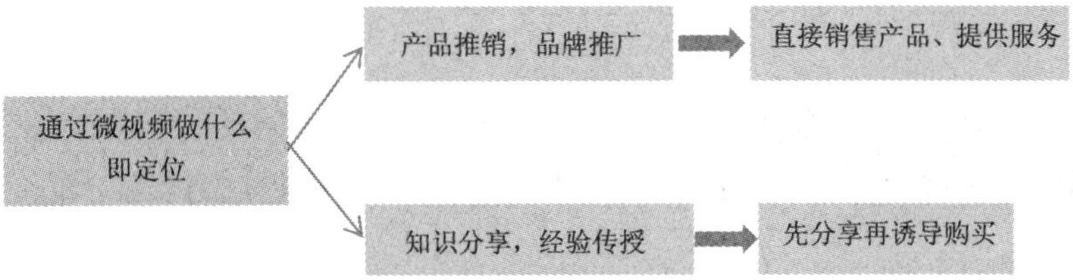

图 6–12 产品定位的两种操作方法

（一）产品推销，品牌推广

采用第一种方式定位微视频的企业，大部分是拥有成熟产品或服务体系的企业或机构，或者是某个产品的商家，或者是该产品的销售人员等。他们建立微视频的目的很明确，就是促进产品服务与营销，如微团购、滴滴出行、杜蕾斯等。对于这样的运营者来说，直接以品牌或产品定位的确不失为一个好的选择。首先，有利于微视频的前期推广；其次，有利于后来顺畅的流量变现；再次，有利于产品、服务的营销。

（二）知识分享，经验传授

对于一些初创产品或企业来讲，微视频的定位应是分享知识或者

经验传授，通过分享知识和经验，吸引目标用户，触发用户对产品的兴趣,引导用户产生购买行为。当你分享的内容让他人觉得有价值，他人就会开始信任你和你的账号了，并且会把内容与朋友分享，推荐给身边的朋友。例如，@小米手机通过微视频对小米盒子、小米手机、小米路由器等产品进行展示；开设小米微视频课堂，对小米手机便捷的使用方法进行传播；与粉丝在线问答，进行沟通互动；通过创意微视频进行品牌推广；通过在微视频文字描述框里加入商城链接，达到移动电商销售引流的目的。

从目前来看，从始至终做到知识分享的微视频并不多。受传统商业观念和利益追求的影响，很多企业的定位“模糊”，很多运营者一开始还可以做到为“大众”着想，以普及知识、传授经验为主，后期就开始赤裸裸地打广告，这是最不可取的。

从本质上讲，微视频是一种传播媒介，而传播的实质是“传”，不是“播”。在具体的运营中，微视频运营者要让微视频不单单是企业及品牌的发声筒,而更应该是用户情感交流、需求满足的一个平台。

二、外部环境工作——运用微视频能做什么

外部环境主要从微视频的属性以及其他企业微视频营销的经验来分析。

微视频核裂式的传播、多平台的分享等属性可以让企业的品牌快速传播，快速得到用户的认知。借助阿里巴巴和腾讯对用户移动端支付习惯的培养，用好微视频就可以更好地实现移动端的商品出售。

三、内部实力工作——运用微视频要达到什么目的

在外部环境已经就绪的情况下，最终能否真正实现目标，这就要从企业自身的市场布局和团队建设来衡量了。

1. 布局移动电商，建设移动商城。无论是企业手机官方商城，

微信商城，还是淘宝商城，一定要增强用户的体验效果。

2. 微视频运营团队的建设。不仅要喜欢玩微视频，更要懂得微视频营销的方法。企业可以让员工参加系统的微视频营销培训，最好能提供一年的跟踪落地指导服务。

根据企业的战略目的，以及微视频自身的属性，如何来规划企业微视频的功能才能快速实现企业的战略目标，将是企业微视频营销的一个重点工作。

第五节

界定人群：适合做微视频营销的五类人

从互联网到移动互联网，从微博、微信，一直到如今的微视频。每个时代浪潮下总会涌现一些优秀的先行者，淘宝造就了一批电商，微信催生了一批微商、微电商。那么，到了微视频时代也同样有很多人看到了巨大的盈利空间，正在跃跃欲试。然而，并不是所有的人都适合利用微视频做营销，包括现在的“网红”主播，看似门槛低、零基础，谁都可以做，但事实上我们看到取得成功的仅仅是一小部分。

接下来，我们就介绍一下哪些群体适合做微视频营销，这将给企业更好地利用微视频进行营销和推广提供更多的参考依据。

一、第一类人：影视明星

微视频被大众所认知和接受，就是因影视明显的大量参与。影视明星由于其自带光环很快就会引来大批粉丝的追捧，因此也被认为是最能玩转微视频的一个群体。目前，绝大部分影视明星，尤其是年轻明星都纷纷开通了自己的微视频账号，并已经有了很大的影响力。

被捧为“时尚女帝”的刘涛，一直对“直播”相当热衷，《欢乐颂》播出不久，她在自己的社交平台上直播40分钟，与粉丝分享“成果”。直播中，刘涛像个职业“网红”一样回答网友的各种问题，并感谢网友赠送虚拟礼物，超过一百万人同时在线观看。与此同时，她的这次直播还有一个非常重要的主题：现场卖她在《欢乐颂》里扮演的角色——安迪穿过的衣服，“还记不记得这套衣服，是我们四个人打牌时穿的……我以1/3的价格卖给大家。”精彩的讲解让线上观众数量直线飙升。同时，她还传授大家服装与妆容搭配技巧，分享时尚秘笈，引来众多“涛迷”围观。

影视明星是微视频营销中可借鉴的最有利资源，这也为广大企业提了个醒，在可承受的范围之内，可选择与影视明星合作，明星参与的微视频其吸粉能力必定是超强的。图6–13为游戏“穿越火线”联合谢霆锋推出的8秒微视频广告，吸引粉丝关注16.6万次。

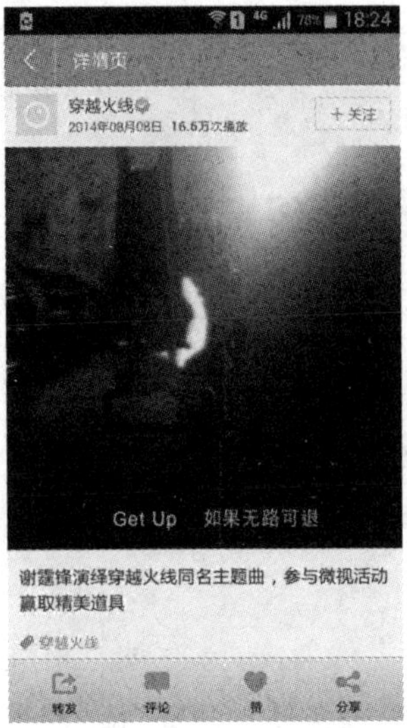

图 6-13 穿越火线联合谢霆锋推出的微视频

二、第二类人：行业大咖

之前，我们提到因微视频而一播走红的“网红”非常多，如 papi 酱、陈翔六点半等。他们因超高的名气聚集了一大批忠诚粉丝，逐渐成为行业中的大咖，这也为其未来走网络营销之路奠定了基础。

有些大咖利用自己的影响力赚起了钱，如罗辑思维卖书，有些则与各类企、事业单位合作，从事做代言、拍广告等商业活动。据艾瑞咨询发布的一份《“网红”生态白皮书》调查显示：24% 的大咖与所属公司签订了合同后开始从事商业活动。

2016 年 3 月，国内移动音频创新巨头多听 FM 对外宣布，全新一代智能车载网络电台——车听宝蓝牙版正式登陆京东众筹首日以来，创造 8 小时众筹金额突破 300858 元的骄人战绩。车听宝是“互联网 +”时代的智能硬件产物，以“外观时尚、色彩丰富、高性价比、云端传输、海量音频”的特点，在国内车载场景端受到广大用户青睐与好评，“有车就有车听宝”已经成为有态度的车载用户心声。

作为车载场景下收听的巅峰之作，车听宝凭借超高的产品人气，获得国内各领域的百位大咖代言与鼎力支持。拉勾网 CMO 鲍艾乐、锤子科技朱萧木（如图 6–14 所示）、有赞 CEO 白鸦、熊猫传媒 CEO 申晨、足记 CEO 杨柳、猫王音箱创始人曾德钧、智车优行 CEO 沈海寅、青龙老贼、万能的大熊等业界大咖代言系列的形象海报，再次使得车听宝蓝牙版名声大作。

图 6–14　行业大咖代言多听 FM

三、第三类人：微商、电商卖家

随着微视频营销的大范围运用，微商、电商成为运用微视频最多的一个群体。当前，很多电商平台也开始布局微视频领域，进行微视频营销，无论是淘宝店家，还是别的电商平台卖家，或者是兼职微电商卖家、自媒体微商等。

早在 2011 年，英国的一些电商就开始尝试在电子商务网站利用多媒体技术为消费者提供更流畅的购物体验。Imagine Fashion 网站就是最早尝试视频营销的网站之一，该网站通过邀请名导、有才气的学生参与制作时尚短片，并录制设计师的专访视频。这些短片将实验性、艺术性，与电子商务很好地结合了起来。点开网站后，看到的再也不是眼花缭乱、无所适从的产品图片介绍，而是一段段短视频，谈及的是创意灵感、服饰搭配建议或者一次旅行，让用户深入感受其对于产品、时尚、生活的想法。其实，Imagine Fashion 所做的“时尚短片”与现在国内视频行业正热的“微视频”有些相似。这种被称为体验式的网络购物无疑会刺激用户的购买欲。用户在众多商品的包围下难免会无所适从，而通过视频了解到的相关故事，则可让用户从这种窒息中解脱出来，自然而然地形成购买欲。

微商、电商为什么能如此之快进军微视频营销市场呢？最主要的就是其有“近水楼台先得月”的渠道优势。常年积累的线上渠道资源、粉丝资源，为做微视频营销奠定了坚实的基础。

四、第四类人：具有一技之长的人

这里的一技之长可以是音乐、表演、舞蹈等各个方面的，泛指拥有某种特长的人，如音乐爱好者、舞蹈爱好者、美容师、心理医生、魔术师等。在移动互联网这个个性绽放的时代，任何一种技能和特长都可能为你带来粉丝，带来经济效益。如果你拥有一技之长，这个特长就有可能成为你的资本，或者当作一件“商品”卖出去，只要有粉丝喜欢就可以出售。

一个名为“中国签名设计第一人”的微视频账号，主播写就一手好字，其就利用这个才艺赚起了外快。通过在微视频上现场写字来吸引粉丝，感兴趣的粉丝、有设计签名需求的人，都会私下联系这个主播。这个主播也在每个视频下附上广告为自己宣传，直接售卖签名或招代理，如图 6-15 所示。

图 6-15　在视频上展示签名才艺

现在，沙画已经成为一种艺术，很多沙画爱好者也备受追捧，于是有些在沙画方面有一技之长的人就开始利用自己的这种特长开始赚钱，@ 视典沙画就是其中一位，他的美拍微视频粉丝已达四十多万，被赞六十多万人次，他通过微视频来为粉丝定制沙画，如图 6–16 所示。

五、第五类人：资讯行业从业者

对于新闻、影视娱乐、财经、体育、互联网、营销等，专门为大众提供各种资讯的从业者而言，也有玩微视频的天然优势，可将自己掌握的一手资料、信息，第一时间向用户发布，因此也容易引起更多人的关注，如 @ 央视体育是 CCTV5 开通的美拍官方微视频频道，第一时间向体育爱好者播送国内外重大体育信息，深受体育迷的喜爱，如图 6–17 所示。

几秒、几分钟的微视频足可传递最新、最有效的信息。如果提供的料够足，足够新鲜，足够实用，受关注度就一定会很高。

图 6-16　在视频上展示沙画才艺

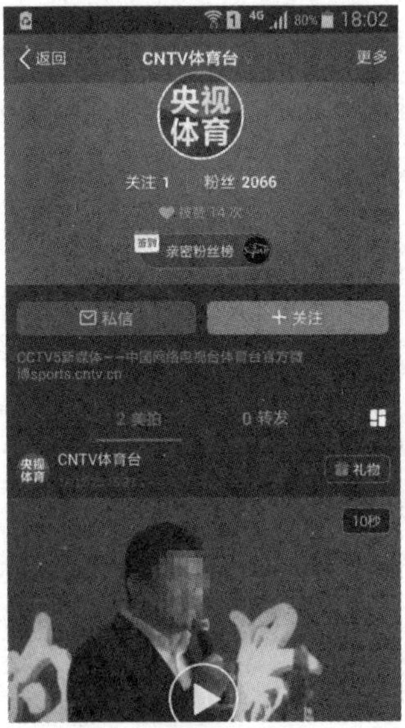

图 6-17　CCTV5 美拍官方微视频频道

第六节

全面评估：并不是谁都适合做微视频营销

企业在选择一种营销方式时，都会对这种方式所能产生的价值做预期评估。广告界那句名言——“我知道我的广告费有一半是浪费的，但我不知道是哪一半”，既体现了广告主的无奈，也显示出传统广告模式的困境。因为传统的广告投放模式都是固定的广告位置、被安排好的曝光时间、海量但是不加区分的受众，这自然会造成50%的浪费。

近几年来，数字媒体因其多样性、互动性以及高性价比等优势，受到越来越多广告主的追捧，投放比例节节攀升。广告主在不断加大投入的同时，也对网络营销效果的评估要求越来越高。原因在于：一方面网络营销形式越来越多样化，从最初的硬广告投放，到后来的搜索引擎关键字投放，再到近年来的视频广告投放，以及如今最热的社会化媒体营销、移动互联网营销等，多元化的网络营销模式让广告主迫切需要一款能够全过程监测网络营销效果的工具；另一方面，由于电子商务所呈现出的爆发式的增长，使得越来越多的电商广告主对广告转化率、登录页优化、关键路径优化等网站运营监测与分析有着强烈的、高标准的需求。所以，企业在选择微视频营销后，一定要先对微视频的投入、产出比做一个预估，包括两方面：①成本方面，人工成本、时间成本、广告成本。②收益方面，微视频吸引粉丝数量、品牌曝光量、移动商城和官网引流量、咨询数量、成交数量。企业需要在这两方面做一个规划，需要多长时间，投入多少资金，达到什么样的效果，并做成一份微视频营销的价值规划报表。这样一来，无论是老板，还是员工，对微视频营销都会有一个清晰的目标，在执行的过程中也能够根据自己的实际状况预估是否可以达到这个目标。如果根据目前的执行策略不能在时间节点内完成预期的目标，就需要快速地修改执行方案来实现最终的目标。

第七章

盈利模式：微视频变现的六大模式

当大众在享受着微视频带来的免费、优质内容时，对于企业而言，考虑的是如何将其这种免费红利“变现”。对资本市场来讲，盈利才是关键，如“网红”papi 酱最初也是自娱自乐，成名后也开始商业化操作，让粉丝心甘情愿买单才是王道。

本章导读

第一节　直播模式：视频直播背后的粉丝经济
第二节　电商模式：为电商搭建卖货平台
第三节　引流模式：以流量带动盈利
第四节　微代言：依靠自身影响力来做广告代言
第五节　植入模式：在视频中内置广告
第六节　付费模式：为用户提供增值服务

第一节

直播模式：视频直播背后的粉丝经济

微视频最直接的盈利模式就是直播，纵观网络上那些“网红”，绝大部分是通过直播走红的。

2016年，视频直播呈井喷式发展，所创造的收视率超过以往任何时代，被媒体称为“中国网络直播元年”。当一些人看到微信公众号的赚钱效益，跃跃欲试准备进入时，业界的风向已经转到视频直播上了。

视频直播最主要的一个分支是微视频直播。目前，在各大微视频社区或平台上，直播已经非常火爆。据统计，一个“网红”主播月收入能达10万元～20万元，一位“业界大佬”两个小时左右的直播收入达到30万元。这表明，越来越多的人群涌入微视频直播这个行业，“无直播不传播”的口号也正渐渐成为企业、商家等的共识，几乎所有的社交、电商、媒体APP们都打起了直播的主意，且逐步形成了一种稳固的盈利模式，利用直播直接来卖产品，吸引客户。

随着移动互联网技术的成熟，农产品销售也发生了天翻地覆的变化，如农村淘宝、聚划算等就是通过视频直播来宣传和打开市场的。

2016年5月30日，农村淘宝在重庆市秀山县雅江镇桂坪村通过“淘宝直播频道”直播了一起土鸡蛋促销活动，引来淘宝10万网友围观，网友亲切地称之为“村红”。直播的是抓土鸡的过程，直播中，“村红”一行三人偷偷进入山头的生态养鸡场，时而撒玉米引诱鸡群，时而搞“突然袭击”……经过半小时的围追堵截之后，最终成功抓到几只土鸡。

这一“山头抓鸡”的直播画面让观看的网民们看得挪不开眼：这才是正宗的土鸡啊，看着就好吃，这么可爱让我怎么舍得买来吃……直播页面上，“吃货”们不断刷屏。

除了抓土鸡，“村红”还直播了捡土鸡蛋、寻农家腊肉源头、现场割蜂蜜、手工炒茶叶、品特色小吃等。与此同时，直播的相关农产品也在农村淘宝、手机淘宝、聚划算平台同步发售，网友一旦在网上下单，现场便称重、打包、装车、发货。

视频直播这种卖货模式的好处和传统电商相比，传统电商的产品多数是以文字和图片为主，有视频的很少，即使有视频的也只是少数，也只是做出来的视频。而直播，它是非常真实的，能让用户用眼睛看到这个产品到底怎么样。

一次，聚划算与柳岩合作，进行直播。直播中，柳岩和大家打了招呼之后，开始依次介绍这次参加聚划算的产品，在介绍产品的同时，观众可以打开聚划算客户端的语音功能进行抽奖，或者直接在视频左下角把产品放进购物车。后半段，讲得口干舌燥的柳岩现场打开了艺福堂的柠檬片泡水喝。可能是对柠檬比较有感情，柳岩不仅谈到了柠檬对美容的作用，还讲述了她朋友家院子里有一棵柠檬树的故事，让这次直播显得生动很多。

柳岩的直播开始不到5分钟，直播间就涌进了一万多人，直播结束时，观看直播的人数已经接近十二万，柳岩再次把所有产品介绍了一遍，随后结束了直播。据当时的产品页面显示，核桃卖出两万多件，柠檬片卖出四千五百多件，面膜和太阳镜卖出两千多件，单价一千多的手链卖出了52件。

网络直播的出现是时代发展的产物。“一种新媒介的出现，将导致一种新文明的产生”，这是伊尼斯在《传播的偏向》一书中的话。套用他的话，可以下这样的结论：一种新媒介的出现，也将导致一种新商业模式的出现。

2016年8月21日，万众期待的佳澜“网红霜”新品时尚发布会在北京开幕，宣传信息如图7–1所示。这场发布会是佳澜“网红霜”的第一次正式亮相，随着发布会的进行，天价神秘配方的秘密揭开。现场“网红”鉴赏团的使用对比，各直播平台的现场直播，引爆了所有人对产品的热情。仅仅半个小时，大量订单如雪片飞来，狂销30万盒，而30万盒正是佳澜购买天价配方后，出品的第一批“网红霜”的最大出货量！

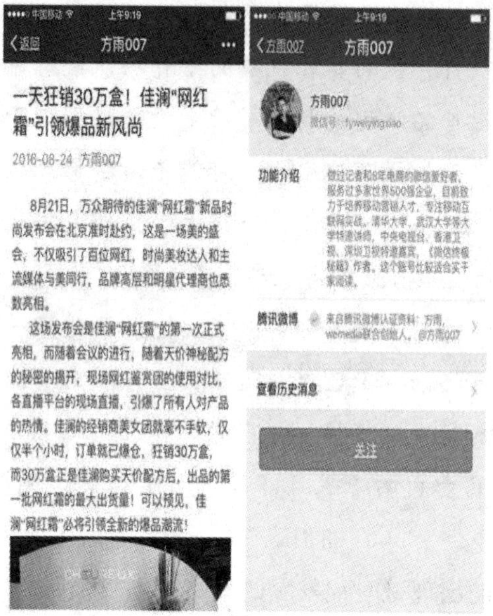

图 7-1　佳澜“网红霜”新品发布引关注

由于微视频的出现，视频直播的优势被放得更大，如通过微视频大家可以实时聊天互动，这样才能真正实现直播的去中心化！同时，与传统直播的定义不同，微视频直播门槛的降低也是其的一大优势，微视频直播只要用户能提供真实的身份，通过直播平台认证，播放合法的内容。只需一部手机、一个账号，人人都可以变成“直播车”，人人都能申请成为分享者，将自己所擅长的资源公之于众。

无论人们接受与否，5 秒钟卖 4 万个土鸡蛋、1 小时售两万件核桃，这样的数据足以让每一个人信服。但是，冷静过后，我们不禁想问：这样的直播数据只存在第一个“吃螃蟹”的人身上吗？这样的直播数据只能依托“网红”吗？对普通农户有什么参考价值？这些问题有待于我们大家思考。

值得注意的是，尽管做微视频直播的优势多、门槛低，但微视频直播还处于发展的初期，缺乏足够的监管，光鲜靓丽的背后乱象丛生，相关部门也在大力整治。只有通过严格的管理和正确引导，微视频直播才能发挥出健康、向上的积极作用，走上健康的发展之路。

第二节

电商模式：为电商搭建卖货平台

老奶奶跳街舞直播、卖土鸡蛋直播……来势汹汹的直播正在与各行各业联姻,形成“直播加营销”的强大营销效果。在这一风口下，越来越多的电商将直播作为自己的标配，与之同时，其他行业巨头也纷纷瞄准了这一块香馍馍。

图 7-2 是京东生鲜与斗鱼合作的“龙虾激战之夜”“网红”直播活动。

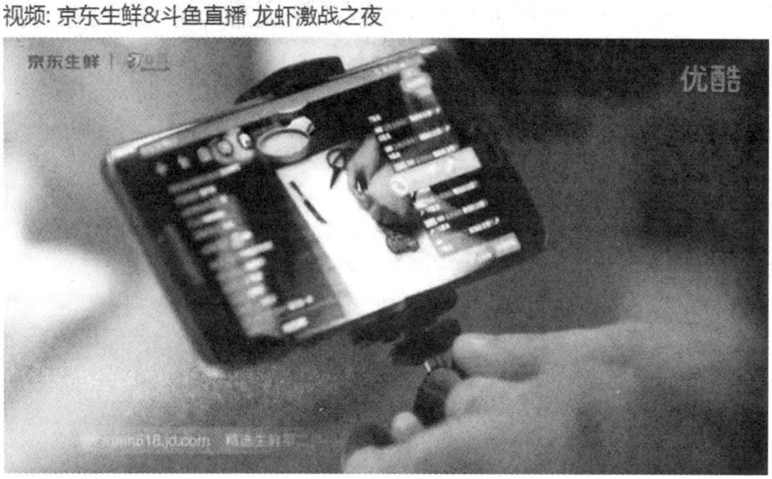

图 7-2 京东生鲜与斗鱼合作的“龙虾激战之夜”视频直播

在整个合作期间，京东生鲜与斗鱼充分利用各自站内资源互相输送流量；同时，在活动开始前的造势阶段，京东生鲜和斗鱼就提供高达万元的礼物及斗鱼首页资源位等奖品，并利用社交平台的天然优势直接吸引各大主播、用户的参与和观看。

据聚美优品相关负责人介绍，在聚美优品的 APP 中，直播已经占据着非常重要的位置，直播功能给其平台创造了商机。

手机淘宝推出的“淘宝直播”平台，定位于“消费类直播”的手机淘宝平台，涵盖母婴、美妆、潮搭、美食、运动健身等范畴，如图 7-3 所示。每晚 8 点至 10 点是收看直播最踊跃的时段，同时也是用户们最愿意下单的时间，其中女性用户占了绝对的主导，比例约为 80%。

图 7-3 手机淘宝的“淘宝直播”平台

直播的出现对传统电商的营销方式是革新性的，直接促使其从产品导购向内容导购转型。同时，也非常适合爱购物的买家，微视频信息维度也比静态的文字图片来得更为丰富，对买家来说，可让其更全面地了解产品。

由于电商加直播这种带有浓烈社交色彩的网购模式，既保留了线上购物的便捷性，也结合了线下购物的交互属性，提升了用户的购物体验，让用户身临其境，直击用户的网购痛点。

电商加直播对商家或微视频社区、平台可谓是双赢，电商实现了快速变现，微视频社区、平台投入产出比将大幅下降，如图 7-4 所示。

对于电商	产品可实现更全面的展示，通过全面传播产品信息，促进了用户的有效决策，提升了销售效率。某些机智的商家如果融入一些营销创意的话，就能更好地运用微视频直播这一营销利器，为平台找到新的流量入口，打造完美的流量闭环模式。
对于微视频社区、平台或主播	投入产出比将大幅度下降。

图 7-4　电商加直播的好处

如果说直播是内容传播交互的创新，那么“直播加电商”就是商业模式的创新，从“人与货”到“人与人”的交互，“直播加电商”的前景不可限量。

第三节
引流模式：以流量带动盈利

在移动互联网时代，流量逐渐成为一个热词。无论是网站，还是自媒体都在拼流量。因为流量就意味着客户量，意味着巨额的利润，有了巨大的流量，就有了巨大的盈利空间。因此，网站或者是自媒体平台都必须将重点放在流量上，以扩大流量规模、提升流量层次、丰富流量内涵为经营方向。对于微视频而言，流量也很关键。微视频价值的变现，一定首先是流量的变现，微视频作为移动互联网时代的产物，是一个新的流量宝库。遗憾的是，这座宝库目前被开发得极不充分。那么,如何扩大流量呢？业内常用的一个技巧就是引流。即商家通过在视频社区或平台发布微视频来集聚粉丝量，提高自己的人气。然后，再将这些粉丝引流到自己的淘宝店、微店及某些特色店铺中，从而达到扩大销售的目的。就微视频目前在商业层面的运用而言，这种模式是最直接、简单的方式，也是最容易变现的一种模式。

王丫，在大多数网友眼中，无业游民、资深宅女、重口味怪咖是王丫的标签，然而，她的真实身份是淘宝一家皇冠级化妆品店铺的老板。

凭借以往积累的人气，王丫开通微视频不到两个月，粉丝就突破了两万，淘宝店铺销售额也提升了20%左右。之前做网络营销，王丫手里的“武器”有微博、微信以及各大论坛贴吧。然而，这对她可不轻松，论坛、贴吧定时更新尚且不论，微博、微信必须保证日日更新。现在，微视频营销却成为王丫最喜欢的一种方式，如将网上流行的、有意思的段子分享出来，大到时事新闻、小到柴米油盐，再加上搞怪、有趣的风格，征服了大批粉丝。最后，她通过偶尔插播的店铺软文、广告向淘宝店铺导流。

王丫通过微视频吸引粉丝后，再通过微视频将流量导入微信，再利用微视频的分享交流平台黏住潜在客户，之后将潜在客户导入淘宝店铺，这就是王丫整个营销系统的流程。看似简单，但一个人要坚持不懈地完成这么多营销工作，对脑力、体力以及耐力都是个不小的考验。

由上述案例可见，只要稍微懂点电商的操作，以流量带动盈利变现也是不难的。关键是引流，那么，如何进行引流呢？有以下三种方式供大家参考。

一、第一种引流方式：利用个性签名

个性签名是展示自我非常好的一个功能，微视频发布者可利用该功能将粉丝引流到指定的平台，如附上微店网址、微信号、QQ 号以及其他联系方式等。某烘焙美拍账号的个性签名就是运用的这种方式，如图 7–5 所示。

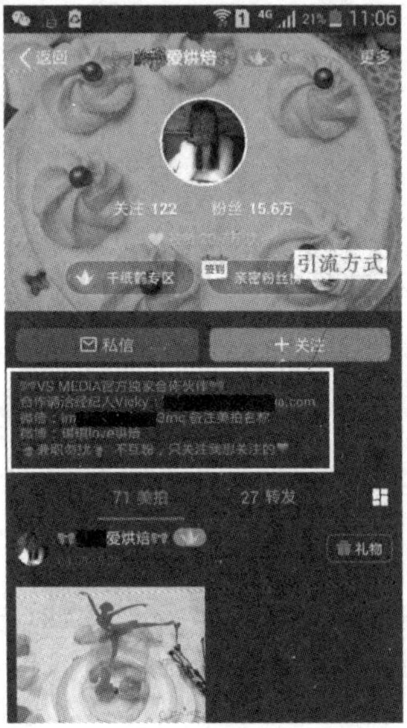

图 7–5　利用个性签名进行粉丝引流

二、第二种引流方式：网页链接

网页链接是最直接的一种引流方式。大部分微视频社区或平台都允许微视频发布者在自己的视频下写简单的文字介绍。这时，就可以利用这个功能附上微博、微店等网址，用户直接点击就可以进入链接界面。某舞蹈工作室美拍账号的网页链接就是运用的这种方式，如图 7–6 所示。

图 7-6　利用网页链接进行粉丝引流

三、第三种引流方式：转载或分享

转载和分享可分为两种，一种是将手机端的微视频转载至微信、QQ、微博等平台，如图 7-7 所示。

图 7-7　利用转发或分享进行粉丝引流

另一种是下载 PC 端的微视频，然后分享至自己的手机微视频账号中，同时也可践行二次传播，这样可将 PC 端的客户直接引流到手机客户端或其他平台。

这里以微视为例子，讲解一下如何引流。微视作为腾讯旗下微视频的分享社区，拥有大量的优秀视频，将这些视频引流到 QQ、微信、微博上，就可将一部分喜欢该视频的粉丝吸引过来，具体步骤如下所示。

第一步：登录，打开微视，点击“发现”会出现多个栏目的微视频，如明星、搞笑等，如图 7–8 所示。任何一个栏目背后都是千千万万的潜在客户，利用好这些栏目，就可以做好粉丝的引流工作。如你经营的是一家与健身有关的企业，可以选择图 7–9 所示的一段钢管舞视频。

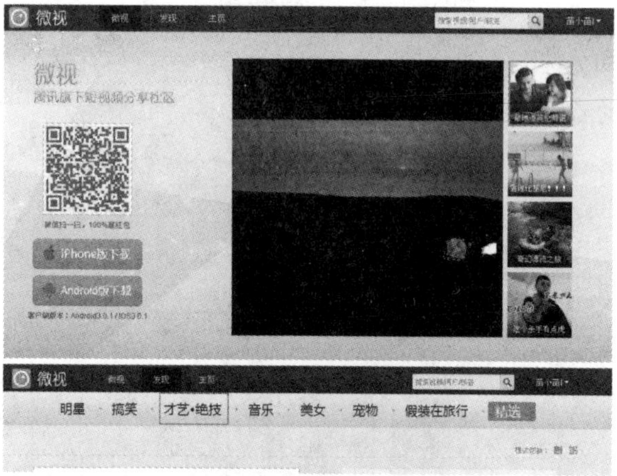

图 7–8　PC 端微视首页的发现栏

第二步：在 PC 端微视上下载好微视频，上传到手机客户端的微视上。值得注意的是，如果手机客户端没有安装微视，需先在手机上下载该 APP 客户端。安装了手机 APP 的用户可直接转发和分享，不必再登录 PC 端。

图 7–9 某健身培训工作室的钢管舞视频

第三步：在视频描述说明中加上我们的 QQ 号或者微信号，或者已准备好的其他营销语，具体操作如图 7–10 所示。转发后的效果如图 7–11 所示。

这里有些关键点需要注意。首先，在微视上下载的微视频不可以再上传到微视上，只能上传到其他微视频社区或平台，如美拍、快手、秒拍等。同理，在美拍上下载的微视频也只能上传到快手、微视、秒拍等平台上。所以，我们在下载微视频时一定要先建多个文件夹，分别存放从不同平台上下载来的微视频。这样便于交叉下载和上传，不仅解决了微视频素材不足的问题，还规避了重复上传的问题。其次，注意文字的描述和标签的选择，如果仅仅上传微视频，而不做文字说明和标签选择，那么，微视频就很难被搜索，被关注。所以，上传微视频的时候，一定要构建一个好的话题，尽可能选择当前大家关注度较高、较流行的标签。标签的设置要精准一些，比如，我们展示的是女性用品，标签却使用的是“帅哥”，这个营销话题就等于白做了。

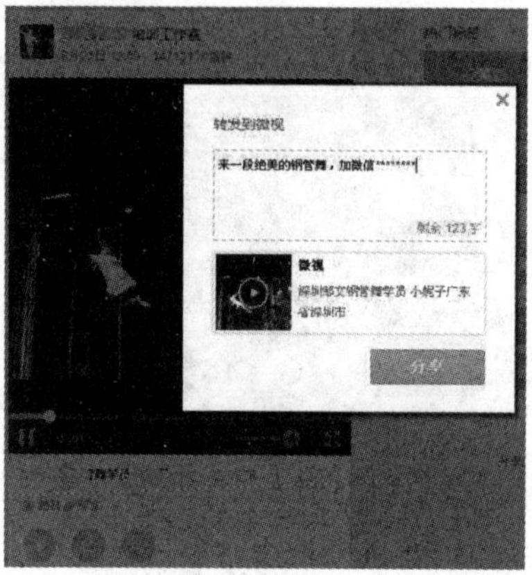

图 7-10　微视频转发语编辑界面

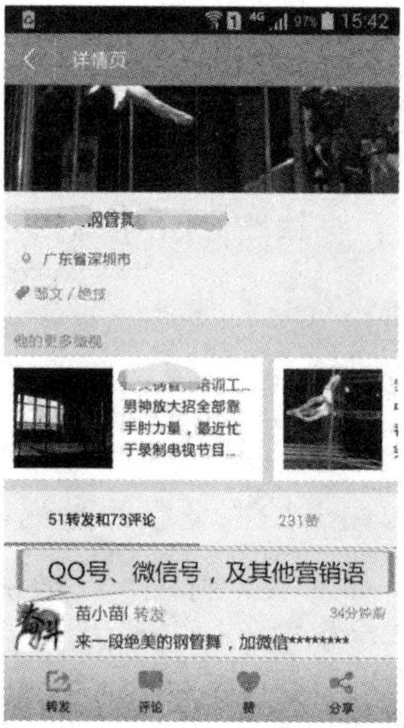

图 7-11　微视频转发后的效果

上面介绍了引流的三种方法，但这并不代表全部。好的做法仍有很多，这还需要结合企业的实际情况选择。无论使用什么方法，能获得高质量的粉丝就是最好的。从各大微视频社区或平台的用户构成、盈利方式、发展现状等方面分析得出：粉丝才是目前各大直播平台疯狂争抢的对象，粉丝们的喜好、消费能力决定着平台的未来。

第四节

微代言：依靠自身影响力来做广告代言

通过广告代言来盈利，是新媒体盈利中的一种主要方式，曾经的微博、微信、APP 都采用了这种方法，现在的微视频也不例外。网络广告早已不是什么新鲜事物，很多爱上网的消费者经常遇到，而且很容易被花样百出的广告所吸引。这些广告大部分都是商家与某个微视频社区或平台合作推出的，这也是微视频的一种盈利模式——广告代言。

在微视频营销的运作中，糗事百科是一个非常成功的案例，他们通过签约多名明星达人来代言账号，进行“军团”作战。不同的账号由不同的人去代言，形成了一个账号矩阵，满足不同的粉丝需求。如@李梦雪是糗事百科的签约明星，粉丝高达一百多万，她每天给粉丝带来精彩的情景表演，深得粉丝喜爱。尤其是她自编自导自演的《姑妈与铁锤的故事》，更是得到大家的喜爱。她的微视频每条都有几十万次的播放量。同时，这些代言明星们也经常合力表演，相互之间互动，以粉丝较多的优质账号带动粉丝较少的账号。在微视里，糗事百科可谓是影响力最大的一个团队，得到了微视官方的重视。基于糗事百科有着丰富的内容资源和粉丝群，有不少企业与其进行合作，下面是游戏品牌商动漫网游幻想神域、国美电器通过糗事百科所做的一次推广活动，如图 7-12 所示。通过这样的合作，双方是共赢的，国美宣传了自己的品牌，从中得到了更多的客户；而糗事百科也获得了一定的盈利，知名度和美誉度也得到了大大提升。

微视频广告代言与传统营销中的广告代言是一样的，不仅能赚代言费，而且还可赚名气。但值得注意的是，通过代言来盈利并非是件容易的事，在实际操作中需要注意很多细节。首先，代言对象的选择非常重要，要考虑到粉丝群体类型、自身产品的风格和特征，必须结合这两点去找代言对象。接下来，就要考虑报价问题了，一个优秀的微视频代言费用的选择需要谨慎，既不能太高，也不能过低。如百万元左右的代言费用，能够做到这个代言身价的，不仅需要为代言对象快速扩展市场，在短时间内证明自身的价值，还不能有任何负面影响。

图 7-12　@糗事百科为商家代言

总而言之，做广告代言是一个较高层次的商业活动，需要有较大的粉丝群体，在业界有较高的影响力；而且，大多数是团体运作，不适合个人（“网红”除外）或者影响力较小的微视频账号。

第五节
植入模式：在视频中内置广告

广告植入，在人们的生活中随处可遇到，大家也逐渐接受了这种广告，尤其是年轻一代。站在企业的角度讲，通过在电影、电视剧、网络视频中植入广告，是常用的一种宣传方式，可大大增强品牌影响力，带动销售。如大家比较喜欢的一部美剧《生活大爆炸》，在 17 集中就出现了舒化奶的植入广告，如图 7–13 所示。

图 7-13 《生活大爆炸》植入舒化奶广告

舒化奶这一幕植入的广告，相信也在很多美国观众心中留下了印象，反过来讲，植入广告对这部美剧的宣传效果也是异常明显的，不少非美剧迷也纷纷下载这一集围观，使得引进《生活大爆炸》版权的视频网站也顺带火了一把。

随着微视频的火热，再加上直播人气的带动，播放效果的独特性，容易吸引粉丝的参与和互动等特点，很多企业、品牌开始盯上了微视频这一新媒体，开始在其中植入广告。一些“网红”的视频中也有很多植入式的广告，如 @ 陈翔六点半、@ 大胃王密子君……他们在与粉丝分享自己喜怒哀乐的同时，细心的粉丝也会发现其微视频中有很多植入广告，或直接打出宣传语，或隐形地植入产品信息。例如 @ 陈翔六点半在自己的视频中就打出了某品牌 T 恤的广告，如图 7-14 所示；@ 大胃王密子君暴吃的背景也有很多广告，如图 7-15 所示。其实，这正是微视频社区或平台的一种盈利模式——通过植入广告盈利。

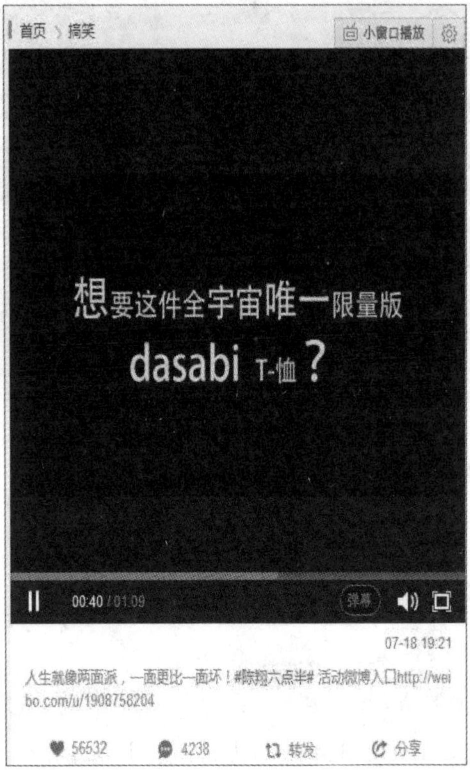

图 7-14 @陈翔六点半视频中的植入性广告

植入广告具有很多优势。首先，通过原创微视频火起来的基本上都是“网红”，“网红”是内容的生产者，有极强的内容驾驭能力，粉丝对其极易产生共鸣；其次是量大，以上广告的表现方式，若是以 100 万的浏览量来算的话，每一个流量按一毛钱算，一个单链接的推送就能赚到 10 万元。

图 7–15　@大胃王密子君视频中的植入性广告

植入性广告都有一个共同特点，即广告不是单纯地宣传产品，而是充分与自身的特性结合，巧妙地出售广告位，通过合理匹配，实现双赢。微视频广告的植入方式有很多，但主要是以下四种。

1. 内容植入

内容植入是指将企业、产品或品牌之类的关键词作为广告内容植入微视频中。既达到了广告宣传效果，又不影响用户，而且由于融入互动环节，传播效果会更好。@陈翔六点半在自己的视频中打出了某品牌 T 恤的广告就属于这种植入。

2. 道具植入

道具植入一般是通过选择和微视频有关的道具来实现。选择与微视频有关联性的道具，这样既能够引起用户的共鸣，又可让用户在潜移默化中接受这个品牌，因此能获得良好的广告效益。如人人网开发的人人餐厅游戏中，将伊利舒化奶作为游戏的一个道具植入其中，让消费者在玩游戏的同时对伊利舒化奶产品产生独特认知与记忆，在消费者心中树立企业的品牌形象。

3. 背景植入

背景植入与道具植入类似，在微视频中如果看到突然出现的醒目的广告牌、横幅、商场或者有品牌特写的电梯，它们可能就是植入性广告。这是最常用的一种植入方式，由于微视频的表现形式独特，要求图文并茂，画面感十分强，通常需要以大量的背景作为依托，而在这些背景中就可以巧妙地植入一些广告。@大胃王密子君暴吃的背景就有很多这种植入形式。

4. 硬性植入

硬性植入通常是指在微视频后期制作中加入广告的元素。如在微视频上传到平台上的过程中，可加入文字广告或者图片广告。

尽管植入广告具有很多自身的优势，但在用户中推广开来并非易事，因为大多数用户很讨厌这类广告，一旦有广告跳出，大多数人不会特别注意。据统计，近八成的用户讨厌在视频中植入广告。所以，在微视频中植入广告，如果做得不到位，不但起不到宣传作用，反而会影响产品品牌在用户心中的形象。鉴于这种情况，企业在做植入性广告时应该注意以下三个方面的事宜。

1. 选择一个好的平台

不同平台上的微视频给用户的体验不同。因此，平台的选择很关键，能否寻找到一个用户量巨大、用户关注度高、关系链驱动活跃的平台是最基本的保证，这点不可小看，是微视频植入广告成功的关键。当微视频提交到成熟的互联网开放平台享受海量用户时，如腾讯开放平台、360开放平台、百度开放平台、开心网开放平台、人人网开放平台等，广告即可同时展现给用户。

2. 在模式上多创新

随着微视频社区或平台数量的增长，“免费”成为许多开发者考虑的模式，但对于平台本身来说，完全免费也是不可能的，总需要有收入才能支撑平台的开发、运营等一系列支出。因此，植入广告的模式创新也很关键。例如，不少开发人员选择了免费增值或者内置广告的模式，有不少高质量的平台通过展示广告或者出售虚拟道具或物品获得收入。

3. 将广告做得更有趣

传统上的广告植入大多为图片和文字，以移动应用程序内置的形式出现。即用户点击某个广告后，会打开一个新的浏览器页面去往广告页面，或者开启一个新的应用程序下载。在微视频中植入广告则更灵活，广告的设计与植入更为默契。所以，如何把植入广告做得更有趣，与消费者联系更紧密，就是考量做微视频营销者能力高低的问题了。

第六节
付费模式：为用户提供增值服务

大多数人都已经习惯免费看视频，如果收费，很多用户在观念上恐怕一时难以接受，但这并不意味着收费模式不可行。如果采用的办法合适，可将收费与免费区分开来，如收费中可提供增值服务，可让用户享受到更好的体验等，收费模式还是具有很大发展空间的。如腾讯开通的 QQ Live 赛事转播后，球迷在上面看球需要付费。起初，很多球迷对此很不理解，反对、吐槽的声音此起彼伏。但在英超正式开始之后，由于不少球迷感受到了收费的好处，慢慢地理解并接受了。与免费相比,收费提供的增值服务更能迎合大多数人的需求。付费后，球迷不但可以收看到全部英超比赛的场次，还有多种收看模式可供选择，且可以根据自己的需要自由选择单场、包月、包球队或包年等付费方式。这种个性化的服务，满足了球迷不同层次的需求。同时，在观赛感受上也确实不一样，信号稳定、图像流畅、播出方式多样等优点被众多球迷所认同。正因为QQ Live付费后具有如此多的优势，短短一个多月后，用户就呈现出了跳跃式增长的态势。

在微视频火爆的今天，收费模式仍然适用。尽管微视频播放的时间大大缩短，但可以通过积极的创新和有效的组合达到收费的目的。具体可从以下两个层面入手。

一、提供特色服务

一个高质量、有料的微视频社区或平台完全可以通过收费来实现盈利，只要能让用户有所获，有更好的体验。关键是如何创新服务，提供足够有特色、有价值并切中用户需求的服务。

“网红”的出现，使得市场上产生了一批“网红商学院”，以培养“网红”为主要项目。培训课程包罗万象。“网红”，这个在2016年真正被大众所熟知的职业，已经成为很多人梦寐以求的职业选择方向，也是很多年轻女孩创业的方向。但成为“网红”却是非常难的事，一方面需要自身有合适的条件，另一方面需要有网络方面的资源。正因为大部分想成为“网红”的年轻人不具备这样的能力，“网红”培训班才有了市场，一些已成名的“网红”开始通过微视频教学，通过给粉丝传授自身的经历、感受、经验来赚钱。例如，叶良辰因一场寝室风波一夜成名，备受关注，受邀到多家“网红培训班”教学、讲课。图7–16所示为媒体报道的叶良辰在某“网红培训班”上现身说教“网红成长秘籍”的报道。

图 7-16 媒体报道叶良辰现身某“网红培训班”

“网红”去教别人怎样成为“网红”，本身就是最大的卖点。这就是一个特色服务，即使收费不菲，也有很多人愿意买账。提供特色服务成为很多微视频社区或平台盈利的主要途径之一。

二、有效的组合

如今，很多企业、网络“达人”们在布局自己的微视频阵营时常常采用矩阵式。比如，一个主账号同时带若干个小号，以大带小；或者在同一个框架体系的基础上，再按照不同品牌、不同部门分设若干个分账号。这样的话，就可以免费开放某一个或几个功能，即同一微视频或同一体系的微视频部分免费、部分收费。例如，有些“网红”会制造许多热点话题，引导粉丝参与进来。当一个话题关注的粉丝足够多时，或是一个单链接、微视频浏览量足够高时，会员资格卖到几元钱甚至几十元钱。通常，一个“网红”的话题可吸引几百甚至几千会员。这种变现的效果是比较明显的，除去平台扣除的相关费用，基本就是盈利了。以免费带动收费，完全符合大众的消费心理和认知及了解一个新事物的逻辑。

第八章

如何利用微视频开展营销工作

微视频是基于移动终端的全新社交应用程序，对于企业而言，如何利用微视频开展营销活动是关键。为更好地在营销中发挥微视频的作用，作为企业营销部门的管理人员、运营人员，以及销售人员，必须掌握最基本的策略、原则和方法。

本章导读

第一节　打造高质量有料的内容
第二节　构建多维度多层面的账号群
第三节　精心策划营销活动主题
第四节　选择合适的营销执行方式
第五节　根据需求，把控推送时间
第六节　掌握必要的增粉策略和技巧
第七节　增强粉丝的黏性
第八节　微视频营销的六大误区
第九节　微视频营销发展的瓶颈

第一节
打造高质量有料的内容

利用微视频做营销推广，重在以内容取胜，通过声音、画面、色彩、动作等吸引用户的注意力。在整个营销过程中，用什么微视频社区或平台只是途径不同而已，真正引爆用户转发的是内容。因此，做微视频营销核心是内容营销。所谓的内容营销是指以图片、文字、音频、视频等形式，向用户传递有价值的企业或产品信息，以促进销售的一种营销方式，其作用 、类型、表现形式和产出方式都是独特的，如图 8-1 所示。

在微视频中做内容营销，比起其他介质更大的优势是在呈现方式上比较多样化，可以利用动画、文字、视频、声音等各种介质表现内容，对于目标客户更有吸引力。然而，当前的事实是很多营销内容空洞、雷同，甚至抄袭重复，如果给客户的都是这样的内容，不但不能起到营销的效果，还有相当大的负作用。那么，如何才能做出高质量的微视频内容呢？有三点必须做到：第一要规划，第二要定位，第三要筛选。

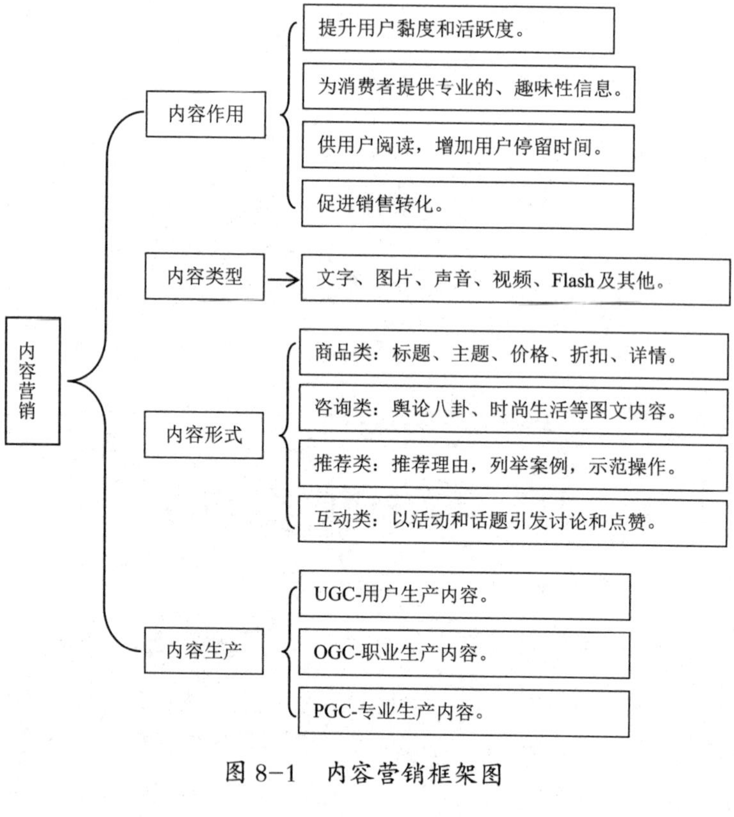

图 8-1　内容营销框架图

一、内容规划

在开设微视频账号之前，除了要做好基本的微视频形象定位以外，内容规划也是重中之重。的确，正如行军打仗中的“兵马未动，粮草先行”的策略，微视频的内容规划就好比粮草，没有充足的粮草支撑整个军队，后面的战术布置，纵使再精彩绝伦也只能是纸上谈兵。所以，在规划微视频营销的过程中，对内容选取范围细心、用心，在后面运营微视频时才能省心、放心。

有些企业在开设微视频之前没有很好地对发布的微视频内容进行规划，这样会误导粉丝，也会因此损害了企业的品牌形象。很多时候，做好提前的设计和规划，不但事半功倍，还能有效地提升品牌在粉丝心目中的形象和地位。

二、内容定位

定位可以帮助企业了解自身的情况，同时结合微视频的属性做出适当的调整。微视频的内容，原则上需要自己准备器材进行录制，录制的内容通常包括四个方面，如图 8–2 所示。

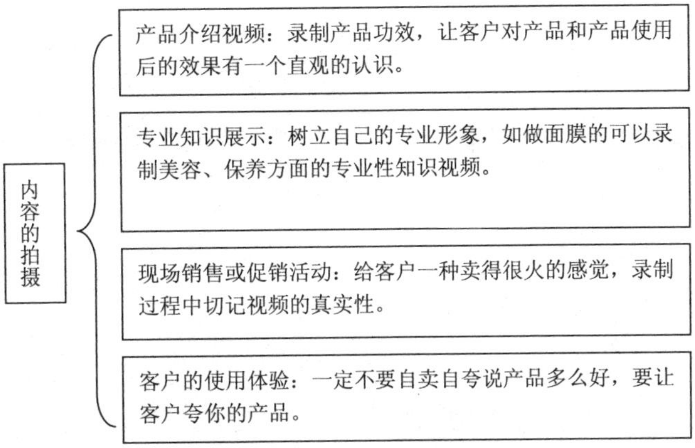

图 8–2 微视频的拍摄内容

在内容定位过程中，企业还需要结合品牌定位总结出品牌的格调，也就是品牌定位下目标消费者对品牌的看法或感觉。例如，企业的品牌格调是“年轻无极限，给爱挑战生活、向往自由的你一片属于自己的天空”，那么，品牌格调的关键词就是“年轻”、“自由”等。

利用品牌格调，结合品牌自身的受众，我们就可以总结出品牌的内容个性。例如，企业产品品牌的微视频内容在风格上面需要展示一个青春有活力的形象，在内容选取上就要适当倾向和大家分享一些积极向上的微视频内容。

如果企业有多个品牌需要规划内容，可以根据品牌属性对品牌账号进行分类，分好类别后再进行关键字定位。企业的不同品牌所体现的内容个性可以有所不同，不同个性的品牌之间互动会增加更多看点，但整体风格还是需要依照企业的形象去设立。在这里需要特别注意的是：品牌关键词和内容个性关键词十分重要。

三、内容筛选

在做好企业微视频内容定位后，结合所设定位，接下来就要进行内容的筛选，制定范围和标准。通常，发布微视频是为了吸引用户的注意以增加用户的黏性和适当体现品牌的价值。不同的微视频内容有不同的特性，企业可以根据实际的情况来筛选合适的内容。就一般意义上的微视频而言，可以按照以下四个原则进行筛选，如图 8-3 所示。

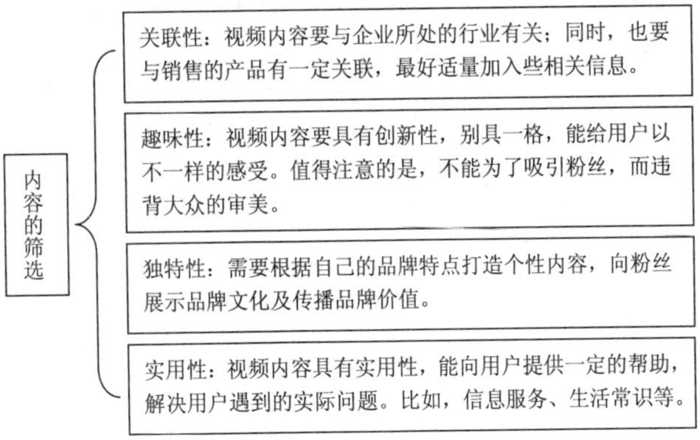

图 8-3　微视频内容的筛选原则

第二节
构建多维度多层面的账号群

企业要想利用微视频抢占市场，单靠一个账号是行不通的。这是一个全网时代，你所面对的不是某个平台上的用户，而是所有的用户。所以，在布局微视频营销时应建立两个及两个以上的账号，尽可能地与所有用户建立关系，最大限度地挖掘用户价值，力求收益的最大化。

在粉丝经济模式里，粉丝决定销量，谁获得的粉丝多，与粉丝的关系紧密，为粉丝提供的服务越好，获利就越大，谁就能最大限度地占领市场、适应市场，获取最大的收益。但是，想要吸引更多的粉丝，必须建立多维式的账号群，形成矩阵，依靠团队作战。

多维式账号群是指要从多个角度、多层面打造自己的账号矩阵。按照账号所属平台、类型、功能以及性质的不同，可以打造出不同体系的账号群。事实上，很多企业也是这么做的。

下面，我们以具体案例来说明企业如何打造多维式账号群。

一、糗事百科——辐射性矩阵

将账号矩阵优势发挥得淋漓尽致的企业非糗事百科莫属。他们采用以官方账号加上个人账号的模式，以大带小，这套模式成功吸引了 400 万粉丝。具体而言，以官方微视频账号 @ 糗事百科为中心，配以 4 位签约演员 @ 黄文煜、@ 李梦雪、@ 赵大使、@ 放弃治疗的微视频账号，形成了一个辐射性矩阵，如图 8–4 所示。

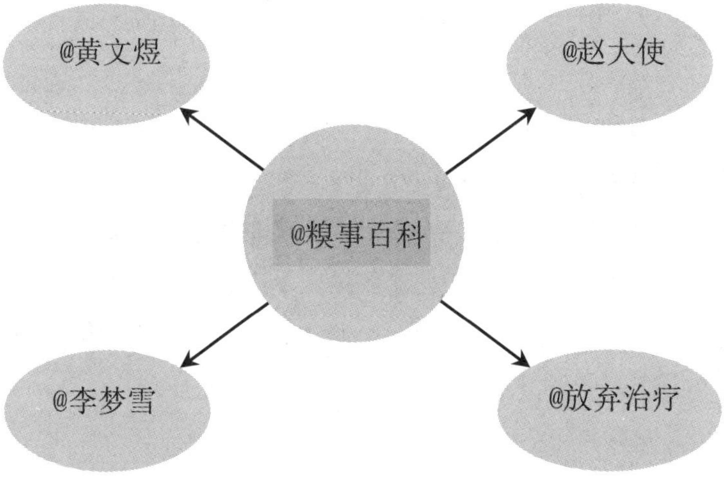

图 8–4　糗事百科——辐射性账号矩阵

二、小米——关联性矩阵

小米公司的微视频账号矩阵是以功能分设的，一个为 @ 小米手机，另一个为 @ 小米 MIUI，两个不同账号提供不同服务，相互推广，让粉丝互通，如图 8-5 所示。

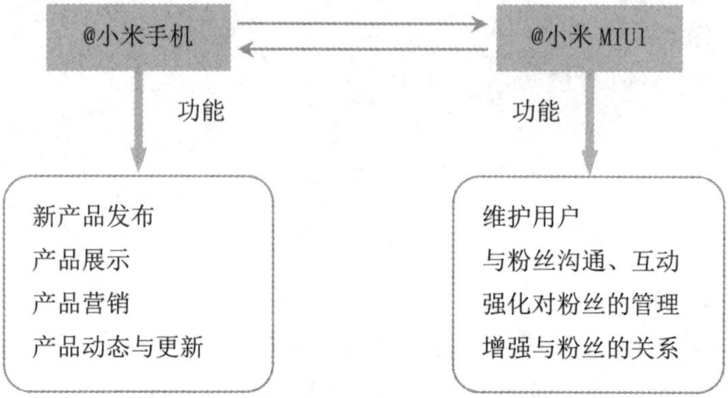

图 8-5 小米——关联性账号矩阵

三、万达——链条式矩阵

万达是国内房地产行业、百货行业中的佼佼者，万达也在对微视频账号进行布局。万达的微视频账号是以为总公司——分公司——地区——行业依托而建立起来的链条式布局，总公司的账号下设多个区域性账号。如万达下设万达影院和万达广场，万达影院下设北京万达影院、上海万达影院……万达广场下设温州万达广场、济南万达广场、合肥万达广场……图 8-6 为万达影城的微视频账号布局示意图。

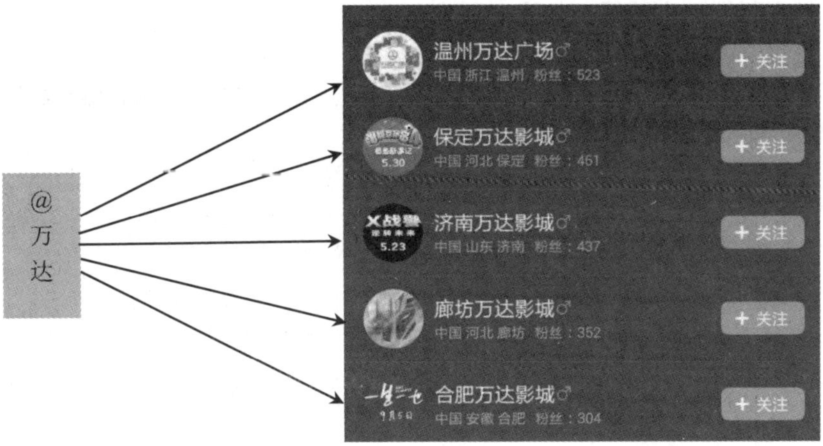

图 8-6　万达影城——链条式账号矩阵

四、魅族——集群矩阵

魅族的账号矩阵是一个官方微视频账号 @ 玩魅族的妹子带领一群魅族员工的微视频账号的布局形态，如图 8-7 所示。

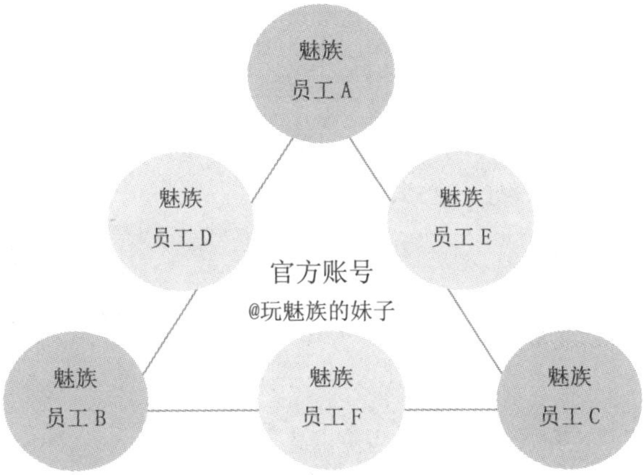

图 8-7　魅族——集群式账号矩阵

对上述四种微视频账号矩阵模式进行总结，可以发现它们特点鲜明，各有特色。在具体的操作实践中，各个需要根据企业、产品的实际情况去选择，如表 8–1 所示。

表 8–1　　　　微视频账号布局汇总表

矩阵模式	代表性企业	适用范围
辐射性矩阵	糗事百科	业务类型较单一，产品品种较少，相互之间又没有过多联系的企业。
关联性矩阵	小米公司	业务类型较单一，产品品种较少，相互之间联系较密切的企业。
链条式矩阵	万达	业务类型较复杂，产品品种较多，相互之间又没有过多联系的企业。
集群矩阵	魅族手机	业务类型较复杂，产品品种较多，相互之间联系较密切的企业。

第三节
精心策划营销活动主题

对于大多数企业来讲，利用微视频进行营销，目的无非是两个：一是为了树立企业形象，进行品牌推广；一是为了直接销售产品。无论是哪种目的，必须通过一定的主题活动，才可能实现预期效果。从活动类型上看，运用最多的有五种形式，分别为话题讨论、有奖征集、线上线下互动、产品促销和软广告植入。

下面，我们通过具体案例来阐述微视频营销活动的类型。

一、线上话题活动

尚脸科技——中国第一家 F2C(Factory to Customer)) 国际电商运营平台，以销售和推广美肤产品为主，全部产品为欧美原瓶进口，直达客户，让中国女性与国际美丽同步。该公司曾经在美拍上发起了一个名为“祛痘印”的话题讨论活动。这次活动在线上发起话题，通过粉丝的参与，达到了宣传目的。图 8-8 即为“祛痘印”话题活动微视频界面，图 8-9 为用户参与话题讨论的界面。活动一经推出，得到了大量粉丝的追捧、参与。

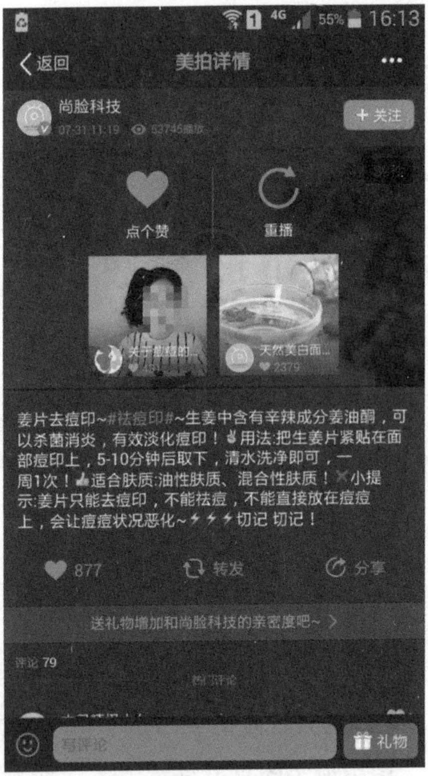

图 8-8 “祛痘印”话题发起截图

图 8-9 “祛痘印”话题评论区截图

二、有奖征集活动

万达集团进入微视频营销领域后，希望通过微视频这个社交平台进行品牌推广，增强年轻用户对万达广场的关注度。万达集团通过官方微视频 @ 万达百万征集创意开启了百万大奖征集广告创意活动,如图 8-10所示 。用户通过微视频以“万达广场就是城市中心”为主题，制作 8 秒创意微视频。

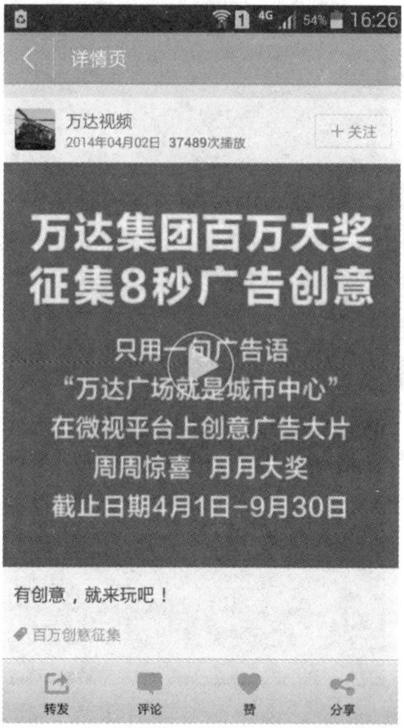

图 8-10 @万达集团的有奖征集活动

三、线上线下互动

为试水新媒体，新蕾电动车举办了线下营销活动，如图 8-11 所示。该企业通过微信、微视频及垂直类 APP 等展开线上与线下的互动，并将核心消费人群锁定在 18 岁 ~ 38 岁的年轻女性之间。用户通过微视频能够看到线下真实的场景，这种富媒体的形式传播比图文来得更具体验性。新媒体营销的战略让新蕾电动车一举跨入了一线品牌阵营。

图 8-11　新蕾电动车线下活动

四、软广告植入

蘑菇街，国内最有特色的购物电商企业，专注衣服、鞋子、箱包、配饰和美妆等女性时尚消费商品。2015 年，蘑菇街首次与时尚杂志《时尚芭莎》合作，进行为期 10 个月的全球旅拍摄影，美景、美人相得益彰，融为一体，给粉丝别具一格的感受。在整个过程中，蘑菇街充分利用微视频的社会化媒体属性，进行深度布局，宣传自己，通过在美拍微视频中植入软性广告——“时尚芭莎”，在短短的 1 分钟视频中该广告出现了好几次，如图 8-12 所示。

五、产品促销

某以销售厨房调味品为主的商家 @ 味美人生是这么做的，他直接将美拍当作自己的线上销售平台。以一道道美食为诱饵，引导用户关注其微视频账号，直截了当地呈现给用户卖什么东西及如何购买等，如图 8-13 所示。

图 8-12　@蘑菇街与时尚芭莎的合作

图 8-13　@味美人生的产品促销

第四节 选择合适的营销执行方式

一个微视频能否受用户欢迎，最终还必须靠市场来验证。因此，当企业建立了自己的微视频账号，并且完成内容编排、栏目设计、构架设置、活动策划等基本操作之后，接下来最主要的任务就是推广，即如何通过市场化运作让更多的人熟悉、认识和接受你的账号。经总结，账号的推广形式大致有三种：企业独自发布，与微视频社区或平台联合进行宣传，利用名人效应。

一、企业独自发布

企业独自发布是大多数企业采用的一种微视频营销执行方式，也是最经济、便捷的一种方式。目前，大多数微视频社区或平台都是完全对外开放的，注册用户可自行上传视频（个别内容需系统审核才可发布），这也为企业独自发布微视频提供了最基本的条件。

二、利用官方平台资源进行宣传

花费一定的费用来寻求更多的推广机会是一种非常有效的推广方法。付费推广中有很多方式，最常见的方式是充分利用账号所属的官方平台资源，联合其做宣传。如脉动曾于 2014 年进行了一次微视频品牌营销的尝试，其跟某微视频平台合作。该平台为脉动制作了“我要做女主角”活动专题页，并将此话题活动推荐到热门活动中。该平台用户在浏览热门活动的时候就可以看到这个推广话题，众多女性用户积极参与，发送自己创作的 8 秒微视频。此次活动，脉动品牌得到了大范围的传播，也拉近了消费者跟企业的距离。

三、充分利用明星、名人的市场效应

无论在传统营销时代，还是在当前比较火热的自媒体营销时代，名人是非常重要的资源，名人效应带来的影响力见效快、持久性长。因此，企业与名人合作，也是不可缺少的一个环节，也是使企业微视频账号短期内光芒四射，积累用户资源的必备途径。

企业可以选择合适的名人或明星，请其代言，同时突出自己的微视频账号信息。这样一来，明星或名人的忠诚粉丝很有可能会成为你的客户。其实，利用名人效应也不像大家想象的那样，纯是烧钱行为，只要切入点好，资源利用得当，少花钱或不花钱也是可以的。

第五节
根据需求，把控推送时间

微视频信息是折叠呈现的，系统只给出更新的提示，在这种情况下，很多信息就会被用户忽略掉。这对于用户来讲也许不是什么大问题，也就是无法及时观看最新发布的微视频而已。但站在企业、商家或者微视频发布者的角度来讲，问题就来了，这说明你发送的很多微视频，用户根本无法看到。这就需要微视频发送者在推送视频时有一定的规律，掌握一定的技巧，抓住用户最佳的观看时间。

经过对众多微视频推送规律总结、分析，大致有三个比较集中的时间段，分别为早、中、晚，如图8-14、图8-15所示。从统计图中看到，大致有四个比较重要时间点。第一个时间点是凌晨零点左右，是全天广告曝光量比较高的一个点，但大部分人都在这个时间段沉睡，从营销的角度来看可以忽略掉，广告必须避免打扰用户的休息，这是特别注意的。其他三个时间段：上午八点是全天时间段中广告曝光量的最高点；中午十二点是中午时间段中广告曝光量的最高点；晚上十点是晚上时间段中广告曝光量的最高点。因此，可以总结出一天中微视频的推送时间可大致分为三个时间段。

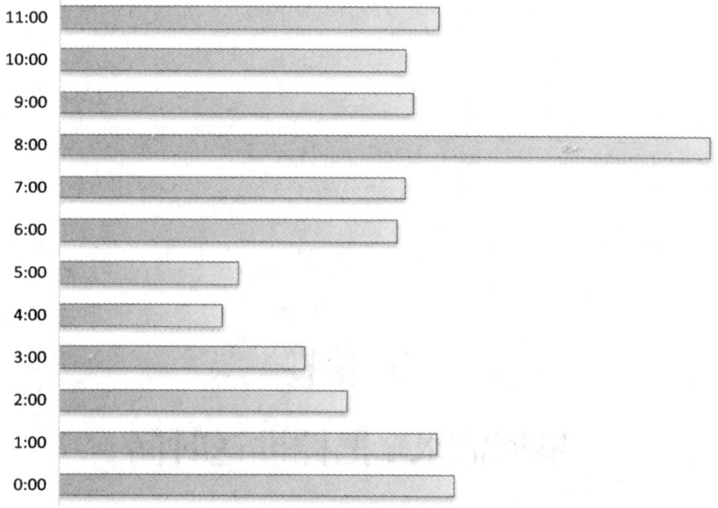

图8-14　一天中上半时视频浏览峰值示意图

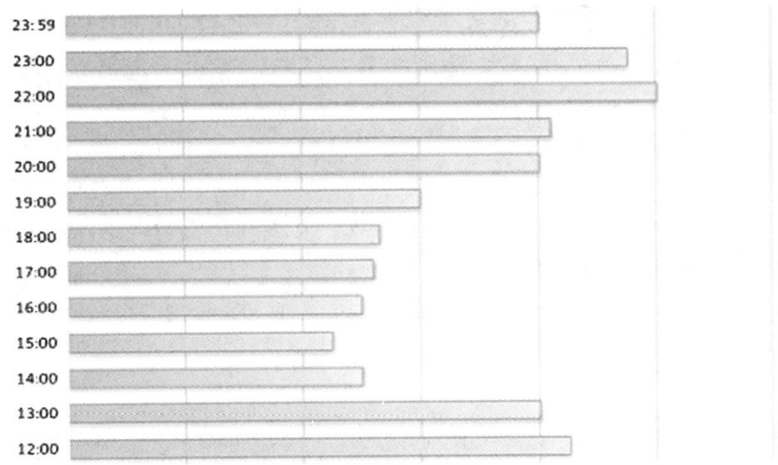

图 8-15　一天中下半时视频浏览峰值示意图

一、早上六点到早上八点

早上六点到早上八点的这段时间是大多数人起床或用早餐的时间，在这段时间内，大多人会有短暂的空闲，再加上经过一晚的休息，神清气爽，心情较好，较为放松，很多人会打开手机看看昨日的新闻趣事。如果此时推送些主题较为轻松的微视频，用户接受起来也比较容易。

二、中午十一点到下午一点

中午十一点到下午一点的这段时间正值大部分用户午休或是用午餐的时间，也是一天中比较长的一段空闲时间。一上午的工作已经或马上结束，可以推送些比较容易接受的或不用花太多时间思考和研究的微视频内容。

三、晚上六点到晚上十点

晚上六点到晚上十点的这段时间是大多数运营者最为关注的一

个时间段，也是用户一天之中最可能安静下来专心看书、浏览信息或思考的时间。一天的疲惫刚刚卸下，对外部信息接受度最高，因此，也成了微视频信息高发期。

上述三个时间段是最适合进行微视频推送的，推送后效果会事半功倍。然而，这并不意味着就可以万事大吉。严格地按照这个时间段定时定量发也是不科学的，正确的做法是结合实际条件而定。

关于推送时机的把握，仁者见仁、智者见智，要视具体情况把控微视频的推送时间。

第六节
掌握必要的增粉策略和技巧

在粉丝经济模式下，粉丝不仅仅是产品的购买者，更是传播者，在互联网的作用下，粉丝呈几何递增式快速裂变，1 个增长为两个，两个增长到 4 个，甚至更多，最终形成一个粉丝群。粉丝通过“裂变”会产生巨大的价值是其他渠道无法达到的。因此，做微视频营销关键之一是要有一批忠诚的粉丝，然后以此为基础，建立一个庞大的粉丝群。那么，如何来增粉，以及提高粉丝的质量呢？我们可以从两个层面去做，第一，基于微视频自身；第二，拓展微视频外部宣传渠道。

一、基于自身的增粉策略

（一）制作高质量微视频内容

多发高质量的微视频是很重要的，没有好的微视频就无法吸引粉丝的关注。值得注意的是，这里所指的高质量视频，并不是说出自高档的器材、专业的制作，而是创意。一个微视频能让大家看了后有所收获，这才是高质量。例如，同样是吃饭卖萌，为什么小孩子比其他人更容易受欢迎，这就是因为小孩子的优势——天生的可爱、灵动。

（二）微视频内容尽量贴上热门标签

各大微视频社区或平台都会对视频做相对固定的分类，如搞笑、美妆时尚、美食、舞蹈、音乐等。这些分类就是微视频的热门标签，也最容易被用户搜索、关注。因此，要按标签的主题拍摄微视频，并在上传的微视频中尽量有某个热门标签。如果能得到官方的推荐，关注度和粉丝量会大幅度提高。以微视和美拍为例，下面分别是两个微视频平台的几个频道分类，如图 8–16、图 8–17 所示。换句话说，只要微视频账号符合上述分类标准，带有这些热门标签，就有被频道推荐的可能，从而获得更高的曝光度，所得的收益也是非常大的。

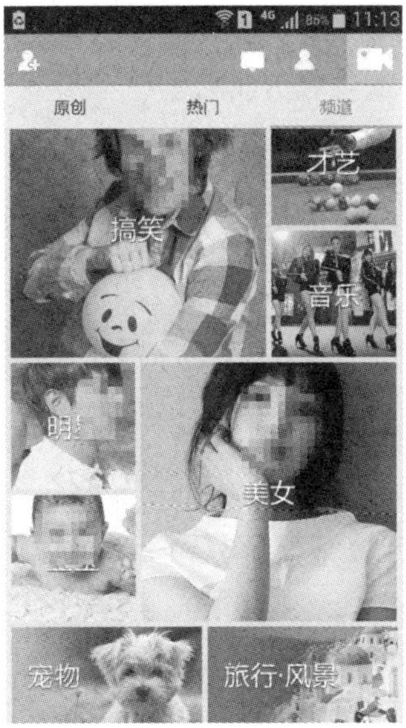

图 8-16　微视视频频道分类

图 8-17　美拍视频频道分类

（三）互动——最快速的增粉策略

除了做好微视频本身和分类以外，最主要的还是要勤与其他微视频主播互动，包括互粉、互转、互赞。值得注意的是，这些互动是讲究技巧的，如互粉，需要找与自己等级差不多的。如果差距过大，或者只与大号互粉，对方也不见得理你。再如点赞和转发，要找时常在线的、更新较为频繁的。同时，要关注其粉丝，因为这些粉丝都是很愿意互粉的人群。还有，要定期取消一些无效的粉丝，即不互动也不更新的用户。一般来讲，每个微视频社区或平台都对用户的关注数设有上限，以微视为例，每天最多关注 200 个人，一个账号最多关注 2000 个人。

二、基于外部的增粉策略

（一）微信推广

可将微视频分享给微信好友，发到微信朋友圈、微信群等。尤其是朋友圈，被关注的机会会更大，目前被各种广告、心情语录、吃喝玩乐照片轰炸的朋友圈，微视频会带给用户不一样的体验，能够引起用户的好感，可以快速获得粉丝，但不能太频繁，最好一周一次。图 8-18 为碧桂园在微信朋友圈中的微视频推广案例。

（二）QQ 推广

可将微视频分享给 QQ 好友，发到 QQ 群、QQ 空间。有两种形式，一种是直接将微视频分享到 QQ 空间；另一种是间接形式，用你的 QQ 去访问其他人的空间，这样 QQ 就会提醒别人，你看了他的空间。基于用户的好奇心，别人也会回访看看你的 QQ 及空间，自然就会看到你分享的精彩微视频，这样增加粉丝的速度也是很快的。图 8-19 为 @ 每日一趣在 QQ 空间中的微视频推广案例。

图 8-18 碧桂园在微信朋友圈中的微视频

图 8-19 @每日一趣在 QQ 空间中的微视频

（三）邮件推广

给自己好友发送邮件，里面包含企业微视频精彩的内容，希望得到关注。

（四）微博推广

可将微视频分享到微博获得关注，这样可以快速得到曝光，可以让几百万用户快速看到企业微视频内容。

第七节
增强粉丝的黏性

企业要想玩转粉丝经济，不但要拥有大量的粉丝，还必须与粉丝建立稳固的关系，这样才能最大限度地发挥粉丝的作用，让粉丝产生价值。与粉丝建立稳固关系，就必须站在粉丝的角度去考虑问题,清楚他们的需求什么,愿意以什么方式去接受。如小米、杜蕾斯这样的企业，之所以有忠诚的粉丝，与他们积极迎合粉丝需求并解决粉丝实际问题有关。实际运用中，如何做才能增强粉丝的黏性呢？可通过以下四个方法来实现。

一、有效激励——促销活动

天下没有免费的午餐，尤其是在互联网这个虚拟环境中，人与人之间的关系缺乏足够的信任。与用户拉近关系就必须要先让对方得到好处，否则，谁也不会无缘无故地去关注你，如小米手机之所以能够引发粉丝快速、爆炸式的传播，有奖转发激励政策就是原因之一，图 8-20 为小米做的一次有奖转发活动的界面。

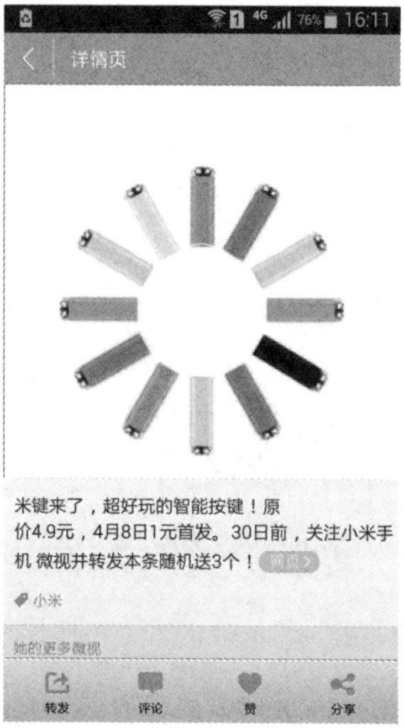

图 8-20 @小米手机转发有奖活动

二、沟通互动——增进感情

做微视频营销一定要注意与粉丝的情感互动，这样粉丝会感受到被尊重和重视，对企业的好感会大大增强。值得注意的是，交流要回归交流的本质——情感交流。互联网也是有感情的，不能只流于表面，而要付出感情，引起情感共鸣。假设你的微视频与你所销售的产品没有直接关联，但只要付出了真情实感，粉丝就会记住你，就会回报你。

三、挖掘需求——做好需求分析

只要能满足用户的需求，用户就会认可你，也就会成为你的粉丝。有了粉丝，你就可以挖掘他们隐性的需求，然后给他们推荐服务、产品去满足他们的隐性需求。例如，你是做美容整形行业的，应如何通过微视频挣钱呢？肯定是要先满足用户的第一需求，即让用户通过碎片化时间进行最真实的美容整形咨询，了解最真实的美容整形效果。通过微视频给用户展示出这些优质内容，那么，用户就会认可你，成为你的粉丝。这时，就可以进一步挖掘她或他的隐性需求了。其实，每一个人都是爱美的，希望通过装扮变得更漂亮。只不过由于不太了解，有恐惧心理。当他们认可你之后，你再给他们推荐你的服务和产品，就很容易被接受，继而使他们成为你的客户。这时候，微视频就是你的生意平台了。所以，微视频不仅容易被粉丝所接受，且更易触动粉丝的兴奋点，从而引发对源视频的大量模仿，进而与品牌产生更深层次的互动，极大地缩短消费者从品牌认知到品牌认同的进化路途。

四、提供服务——值得信赖

由陌生到认知，由认知再到感情升温，最后一步就是让粉丝产生充分的信赖了。要实现最后一步，企业一定要通过微视频平台给粉丝提供最真实且有价值的服务。当粉丝认可你提供的产品和服务的时候，就可以直接变现了。例如，锋潮测评室是以向用户提供 IT 立体视频评测咨询服务的企业，便于用户更好地了解和购买数码产品带来的全方位服务。在它的美拍微视频账号中几乎每天都会推出相关视频——每日潮资讯，已经成为很多电子数码产品发烧友离不开的一个微视频社区，如图 8–21 所示。

图 8–21　锋潮测评室为用户提供的服务

第八节
微视频营销的六大误区

一、拥有微视频账号等于微视频营销

现在不少企业认为：只要申请一个或几个微视频账号，就可进行微视频营销了，这其实大错特错。如果对微视频的营销价值没有一个全面的、正确的认识，不建立系统的、科学的微视频营销管理体系，一切都是零。

二、微视频营销等于不断地发广告，做推广

做微视频营销，向粉丝推送企业、产品的相关信息必不可少，但这不是最终目的。不断地推送信息就可以做好微视频营销的观点是片面的。新媒体营销，包括以前的微博、微信，核心就是与消费者沟通，带有互动性质的沟通比直接推销更重要。正确的做法是：以信息推送为基础，综合线上线下活动、优惠促销活动等，加上实体门店的配合，全方位地进行。

三、放弃内容，硬性植入广告

发送微视频不仅仅是为了发布广告，这只是目的之一。另一个更重要的功能是与粉丝进行沟通，增加粉丝的黏性。做微视频营销最重要的不是拥有多少粉丝，而是这些粉丝对你的依赖性有多大、忠诚度有多高。当粉丝一年、三年、五年，持久地关注你的微视频账号时，也意味着你可以卖出更多的产品。那么，如何来增强粉丝黏性呢？就是在推送微视频内容上下功夫，注重内容的创新。

四、忽视粉丝的质量

微视频营销的前提是拥有大量的粉丝，而粉丝必须是有价值的，为什么很多企业的微视频账号成了“死号”，究其原因是有大量的假粉丝。而这些粉丝基本上没有任何价值,更不用说挖掘他们的购买力。对于企业来说，只有高质量的粉丝才有价值，才能真正转化为利润。所以，对于企业来说，不单单要重视粉丝的数量，更要注重粉丝的质量。

五、盲目跟风

有些企业看到别人开发了某微视频功能，马上也跟着开发一个。然而，这个功能对自己并没有用处，反而影响到了企业声誉。因此，

不要盲目跟风。企业在决定展开微视频营销之前，要明确到底需要什么，在此基础上再决定提供什么样的服务，做具有自己特色的微视频账号。

六、急功近利

微视频营销需要的是厚积薄发。有些企业可能会带着传统电商的广告思维来做微视频营销，幻想着一周、一个月就卖出多少产品。有些企业可能会追求一周或者一个月官方微视频被多少人转发、多少人评论，达到多少曝光量。这都是急功近利。微视频营销最好不要过早地追求盈利，过早采摘的果实总是充满了酸涩。

第九节
微视频营销发展的瓶颈

虽然微视频营销极有可能引领潮流，改变整个营销模式。但是，目前来看，微视频营销的瓶颈也比较明显。

一、微视频营销的商业性还很弱

微视频是基于即时通信工具而发展起来的，所以，它的社交属性强过其商业属性，它的商业性还很弱。尽管一些企业不再仅仅把微视频当作一种社交媒介，但其作为一种新的营销模式，起步维艰，毕竟大多数人对微视频的认识还停留在娱乐、社交的层面，想展开产品、服务的推广、宣传，实属不易。

二、对粉丝的依赖性较高

微视频营销到底该怎么做？仁者见仁，智者见智。很多时候，谁也不完全确信什么方法才是最有效的。但有一点是毋容置疑的，那就是依靠粉丝来变现,对粉丝的依赖性较高。任何事物都有两面性，这种高度依赖粉丝的模式是否可取，还有待时间的验证。

三、竞争激烈背后的问题

随着微视频这种全新的营销模式被广泛地运用，直接导致了这一领域的竞争越来越激烈。微视频营销作为新媒体营销模式，与传统的营销模式相比，的确存在独特的优势和竞争力，但过度竞争也带来了诸多负面影响。比如，管理成本的增加，商业利益和用户感受之间难以平衡，等等。

第九章
优秀企业做微视频营销的技巧及案例

向优秀看齐，无论是对于个人，还是对于企业，都是永远不变的自然法则。微视频营销是一个全新的领域，就已经涌现出的典型案例来看，他们的方法和技巧都是可复制的为中小企业提供了样板。

本章导读

第一节　传统视频企业：优化功能，开通微视频接口

第二节　电商企业：多渠道引流，获取大量粉丝

第三节　产品型企业：视频加创意，亮出不一样的产品

第四节　快消品企业：搞创意营销，树立品牌形象

第五节　服务型企业：提高服务质量，增强粉丝黏性

第六节　销售类企业：场景式参与，增强用户体验感

第一节
传统视频企业：优化功能，开通微视频接口

微视频的出现，对所有行业的影响都是非常深刻的，首当其冲是它的“近亲”——传统视频企业，如腾讯视频、乐视、爱奇艺、优酷土豆、搜狐视频、新浪视频等。在微视频的冲击下，传统视频企业都在纷纷寻求创新和突破。最先迈出这步的是腾讯，其旗下的视频应用——微视就是例证。其他传统视频企业虽然没有推出专门的微视频产品，但也在功能上尽量地迎合市场。

2016年，对于优酷而言，是具有重大意义的一年，鉴于微视频、“网红”直播的火热，优酷决定在原有的基础上进行优化升级，力争转变为一个可扶持内容创业者的自生态平台，图9-1为优酷转型的宣传片。因为大量微视频社区或平台的出现，已经改变了视频行业的格局，对于当前的用户而言，他们需要的是一款简单好玩、简洁开放，上传文件快，可交流、可社交的产品。如果单一地做传统视频，必将失去这部分用户。

图9-1　优酷寻求转型的宣传片

优酷的转变方向是：建立免费的流量机制（也有付费的流量，可自由选择）；多开放运营工具，包括广告层面上的广告分层和软广告开放，还包括电商领域。

优酷已经推出了自频道学院，提供各种帮助和教程来让大家了解如何从“小白”用户变成坐拥千万粉丝的内容自频道。比如，你很有想法，品牌IP很强，但你不知道怎么做视频，那优酷有一些基础的制作教程，而且有线下、线上的一些活动，包括线下的见面会和线上的直播教程，都会收录在自频道学院里。

自频道空间是优酷对于内容创业者的一个孵化器，这个孵化器会从硬件、资金以及更专业的技术指导上为大家提供更多的帮助。自频道空间的下游会对接自频道学院，帮助大家进入优酷的流量渠道，将内容传播到更广的领域。

传统视频企业可以用微视频做什么呢？答案在下面一一为读者揭晓。

一、打造优质平台

仍以优酷为例，从内容层面讲，优酷会去做版权内容、自制内容、优拍档等来拉动PGC和UGC，据其相关负责人介绍，优酷会规划六大内容板块，分别为“网红”、美食、亲子、明星、泛娱乐、旅游。例如，“网红”里有现在亚洲最火的美妆达人Pony，她在优酷上有自己的粉丝群。从内容层面来讲，优酷已经涵盖了用户吃、喝、住、行、玩等业态。

二、直播购物

还是以优酷为例，优酷和阿里巴巴深层合作。例如，罗辑思维曾在优酷做了一个发布会，叫“我在优酷开天猫店”，这其实是优酷和阿里在微视频电商上一个很重要的结合。老罗在发布会上说了一个故事：他们家CEO脱不花的老婆怀孕了，但医生怎么也照不出是男孩还是女孩，脱不花就对他的粉丝和观众发起了“一块钱猜脱不花生男生女”的活动，选出100名观众，每人送一套他店铺里的产品。活动结束之后，罗辑思维获得了用户，还赚了7万元钱，这就是内容在营销及消费力上的体现。

直播购物和拍卖，现在是聚集用户非常好的一个办法，而且，它能够引发快速消费。直播购物和拍卖是优酷在2016年上线的新玩法，他们在内测阶段跟财经内容做了一个测试，一家店铺从优酷导流到他的淘宝店卖他的财经会员，两个小时内完成了90万元的销售额。

总而言之，传统视频企业向微视频平台转化，盈利点可以瞄准两点：一是将其打造成一个优质的互动平台，从而实现粉丝的聚集和引流；二是以直播的形式直接销售产品或服务，为消费者提供有形产品或无形的服务。

第二节

电商企业：多渠道引流，获取大量粉丝

长期以来，各大电商企业都在布局各种渠道吸引粉丝。相互之间打价格战也好，各种创意促销也好，目的都是为了鼓励消费者积极参与。暂时销量差，或没有销量并不可怕，只要把粉丝的量做起来了，粉丝基础打好了，流量终有一天转化为销量。以前，微博、微信、QQ 等都是主要的引流渠道，现如今的微视频也成为各大电商抢夺粉丝的热门工具。而且，微视频相比前几者更有优势，做好了

微视频这个渠道，将有更多的潜在用户等着你。那么，电商用微视频可以做什么呢？下面，我们一一道来。

一、玩转跨平台，实现客户共享

一些大的互联网公司，如阿里巴巴集团旗下网络营销平台阿里妈妈开始携淘宝和天猫商家提前布局微视频营销。这是跨平台营销的开始，打破了以往传统模式单一的、孤立的平台运作模式。早在2014年，阿里妈妈就意识到了这点，于5月13日启动了“V动全城”15秒微视频大赛，百万奖金“悬赏”拥有微视频营销创意的商家和服务商。根据规则，商家只要在报名官网上传15秒微视频作品，准确传递品牌价值或宝贝信息，就有机会赢得最高15万元的全场大奖。同时，阿里妈妈还悬赏最具创意的微视频服务团队、优秀服务商成为其“视频合伙人”。阿里妈妈视频营销平台现已接入优酷土豆、爱奇艺、腾讯视频、酷6等多家主流视频网站。

二、开创电商的多样化的营销方式

以微视频为传播介质的互动，打破了当前的社交产品形态，实现了从文字、图片到视频的升级。通过一个个微视频，电商卖家实现目的的手段更多，有借拍微视频“小孩卖童装”主打亲子营销，有魔术师用极短的视频演示超高的手法，有产品深度演示等，甚至有微博“红人”在淘宝上演微情景剧。相比千篇一律的图片、文字，微视频给卖家打开了一扇个性化定制的窗口。

很多电商企业虽然触网较早，但对网络的运用仅仅局限于产品展示、买卖交流等层面，有意识地利用网络去“圈粉”，进行创意促销还非常有限。所以，对于电商而言，必须适应新的市场要求，利用好并做好微视频营销。

第三节

产品型企业：视频加创意，亮出不一样的产品

产品型企业通常是指以产品的生产、制造和销售等为主的企业，大多属于传统企业范畴。目前，微视频营销在这个领域的发展尚处于初级阶段。微视频的火热使传统企业感觉到，企业最大的危机不再是当下能赚多少钱，而是对未来长远发展是否有清晰的把握和预判。微视频作为移动互联网运用的再次体现，必然会冲击传统企业，面对"不转型等死,转型怕转死"的尴尬境地是时候该做决定了。那么，

传统企业该如何运用微视频营销？下面先通过案例来分析一下。

小米为了向粉丝展示某产品的特点，通过一个个有创意的微视频展现。例如，为了展示新品的“薄”，形象地将小米手机与生活中的一种小米（食物）结合在一起，并同时植入一个话题中——“用户买了小米手机就连饭钱都省了，饿了拍点小米出来就行了”。这条微视频完全靠创意打动了粉丝。经过上百万粉丝的推广，被疯狂转载、点赞。

小米的另一条微视频也非常有创意，是将3个人跳绳的场景植入手机里加以展示。你会发现两个摇绳的人是站在小米手机里的。这非常有趣，吸引了很多粉丝。

再来看下一条微视，也是以小米手机为道具，植入某个情景：一男一女在一个桌子上战斗，眼看男的就要将女的击败了，一只伸出的手弹了男的一下，女的就开始发威，一脚把男的踢了下去。最后，女的获胜。女的为什么会反败为胜？最后的真相是小米手机在帮她。视频画面切换到桌子底下，小米手机的LOGO映入眼帘。将产品融入微视频中，成为整个视频不可分割的一部分，这样的微视频营销让用户完全不觉得这是广告，互动性非常强。这条微视频播放量达到80万，还有三千次左右的互动量。

小米的微视频营销，完全以小米产品为载体，通过精心设计制作，为粉丝呈现8秒精彩视频，勾起了用户极大的好奇心，增强了粉丝对产品的了解。这种营销方式更容易打动用户，给用户留下了深刻的印象。那么，产品型企业运用微视频可以做什么呢？下面，我们一一道来。

一、策划让全民都能参与的事件

举个例子，如果某个企业要策划一个化妆大赛，那规则怎么设置？假如最近有一部和时尚有关的电影要上映，主题可不可以是“某某仿妆大赛”？我们否认这是一个很好的借势，可这对于用户来讲也许是一件门槛极高的事情。事实上，这会让那些极其有兴趣的参与用户望而却步。那如果我们把主题设置成“男朋友帮女友化妆大赛”或“扮丑妆容大赛”这就将门槛变得非常低，不仅仅是化妆难度下降了，更是把比赛从竞争的性质变成了全民狂欢。

二、以促销活动为媒介吸引用户

用户之所以关注你的微视频账号，主要原因可能在于享受更多的实惠。比如，关注超市微视频账号购物有折扣，关注商场微视频账号可以抽奖兑礼品……所以，产品型企业在利用微视频营销时，要侧重于这类内容。对于促销类的微视频信息，更能够让用户产生购买欲，同时也利于传播，满足不同用户的消费方式和习惯。

第四节
快消品企业：搞创意营销，树立品牌形象

快消品行业，即快速消费品行业的简称，由于该行业消费周期短、频率快，消费群体大，与人们的日常生活贴近，从而拥有庞大的市场。因此，该行业也成为与市场结合最紧密、最敏感的行业之一，市场风向稍有风吹草动就会显现出来，被誉为市场变化的晴雨表。

以前，快消品行业的广告投放方向是电视这样的传统媒体，随着网络快速发展，网民数量爆增，快消品广告逐渐转向互联网媒体。

随着微视频的方兴未艾，最先受益的也莫过于快消品行业。从当前参与微视频营销企业的规模和数量来看，快消品企业占大多数。那么，快消品企业运用微视频能做什么呢？下面，我们介绍一下。

一、创意营销，差异化营销

在产品同质化的趋势下，只有营销实现差异化才会吸引更多的客户。微视频内容的丰富性给用户带来了新的体验，淡化了商业色彩，实现了软性营销。

微视频存在的基础就是求新、求异的创意，只有具备了这个特征，才能持续地吸引更多的客户。很多快消品企业之所以看中微视频这个营销渠道，也正是基于这个原因，希望通过微视频搞一些创意营销。一般来说，微视频营销模式主要有贴片广告、创新的视频广告（如暂停、悬浮等）、视频短片定制或植入（如微电影）、品牌专区及主题活动等。

二、提升品牌影响力

营销的最高境界就是你不需要介绍自家产品，也不用自夸产品有多好，用户就会疯狂地爱上你。这就是品牌的力量。对于快消品企业来讲，借助微视频进行营销的主要目的不是为了直接卖东西，而是树立品牌形象。利用微视频对粉丝的巨大黏性吸引更多的用户，让他们对品牌有良好的印象。

微视频不仅继承了传统视频的传播优势，还有数字挖掘、精准定向、平台转换的优势。通过这些优势，快消品企业可以根据自身的需求进行定向传播，以求达到更精准的传播效果。快消品企业还可以根据后台系统，清晰地看到广告投放分析，以便不断调整和优化营销方案。

第五节 服务型企业：提高服务质量，增强粉丝黏性

服务业的范围非常广，包括金融、医疗、教育、餐饮、旅游等多个领域。随着人们生活质量的提高，消费意识的增强，越来越多的服务型企业也在创新和突破。

在互联网的影响下，服务业也逐步互联网化，与自媒体的融合越来越深。微视频火起来之后，很多服务型企业开始与微视频结合，如开通微视、美拍、秒拍等微视频账号，通过微视频向消费者展示

服务信息，优化服务渠道，提高服务质量。消费者也可以通过企业微视频账号与企业互动，给企业提供自己的意见和建议。一些旅游型企业，如去哪儿网、途牛旅游网等开始率先布局微视频营销。

2016 年，途牛旅游网在美拍上联合林志颖发起了一个“林志颖与粉丝嗨游欧洲”的活动，如图 9–2 所示。在三天的活动中连续发布了 3 条微视频，每条都由林志颖亲自与大家互动，吸引了众多粉丝的关注，直接互动聊天达到三千余次，如图 9–3 所示。

图 9–2 途牛旅游联合林志颖发起的活动

图 9-3　林志颖互动吸引粉丝关注

尽管服务业中的大多数企业还未加入到微视频营销运用的大军中，但最先尝试的企业已经从中得到了利益，那就是获得了大量粉丝，通过微视频营销，粉丝的黏性大大增强了。

微视频在服务型企业与消费者之间搭建了一个交流平台，企业给用户提供丰富的知识、良好的产品体验；用户通过体验，从而产生购买行为。微视频逐步成为链接服务型企业与消费者之间的一座桥梁，解决了买、卖两者之间的信息不对称问题。通过微视频，消费者可以更方便地获得生活、吃喝玩乐等方面的服务信息，以及更好的生活服务。那么，服务型的企业运用微视频可以做什么呢？接下来，我们来分析一下。

一、为客户展示专业的服务

对于服务型企业来说，最主要的是为自己的客户提供高质量的服务。如果服务型企业在自己的微视频账号上定时推送一些专业的短视频，便会更能体现自身的价值。用户在学习知识的同时，也会更加相信服务机构。以银行业为例，做微视频营销最重要的目的便是提升服务，利用微视频的特性为用户提供更多更便利的服务。

二、维护老客户，避免客户的流失

服务型企业最重要的是维护老顾客，微视频内容只有随时保持更新才会被老客户持续关注。如果不维护客户关系，即使用户很多，也可能会流失掉。因此，对于服务型企业来说，最重要的就是把服务做好，让新、老用户都能够得到实在的实惠。如餐饮、旅游等企业纷纷推出自己的微视频账号，微视频资源从企业形象宣传、服务推介到业务预定、支付消费及售后服务，几乎囊括了所有的经营流程。通过这些实用的微视频资源的推送，让客户体会到你的企业提供的产品或服务是其生活中不可或缺的，避免客户的流失。

第六节
销售类企业：场景式参与，增强用户体验感

销售类企业运用微视频能做什么呢？下面，我们一一介绍一下。

一、营造一个与商品或品牌相关的场景

互联网时代，简单粗暴的卖货思维是狭隘的，它只针对某些品类有效。销售类企业如果想引爆一个品牌，在做营销推广的时候就需要构建一个和行业、品牌相关的场景。例如，你的企业是销售乐

器的，一场音乐会作为营销场景是比较适宜的。那么，这个场景怎么展示最直观呢？那莫过于运用微视频了。当所要宣传的商品和一个场景进行最贴切的匹配之后，这个商品本身的价值会得到更大的彰显；同时，这也给消费者一种代入感，比如，会让他们想象——买了乐器也能去音乐厅迎接掌声……

二、更便捷地发布新品

传统意义上，消费者想要了解商品信息需要到企业官网上寻找，或通过一些平面宣传资料了解，但这仅仅只是了解到一些数据。例如，销售汽车的4S店，消费者如果不去现场，仅凭一些宣传册，只能对车型、外观以及内饰等信息有一个初步了解，而没有动态的视觉印象，从而导致无法在用户的头脑中留有深刻的印象。如果汽车销售企业通过自己的微视频账号定期推送新车微视频，则其微视频账号就成了销售汽车的企业的“新品发布台”了。企业可以将每一款汽车通过几秒到几分钟的视频全方位展示，让用户仿佛身临其境地感受他们最喜爱的汽车。用户只需关注企业的微视频账号，就可以随时随地欣赏爱车，从而为企业销售汽车埋下很好的伏笔。

在媒介碎片化、分众化趋势越来越明显的时代，传统的销售类企业的营销模式遭遇了前所未有的挑战。移动社会化媒体的出现和成长促进了营销方式和商业思维的变革，也给销售类企业带来了巨大的商业想象空间。

第十章
个人如何通过微视频来营销自己及变现

企业利用微视频来实现扩大品牌影响力、吸引粉丝及宣传和促销产品的目的，从而为自身的发展和生存拓展空间。那么，就个人而言，微视频可带来哪些价值呢？毕竟现在很多微视频产品出自个人之手。本章将重点阐述活跃在微视频营销中的个人群体，并通过案例对其盈利模式、方法进行总结。

本章导读

第一节　大学生

第二节　行业精英

第三节　才艺达人

第一节
大学生

大学生，无论在哪个时代都是一个独特的群体，而这一群体有个老生常谈的话题——创业。尽管所有人都在创业，但每个时代的创业都不尽相同，纵观每个时代的大学生创业，都带有浓郁的时代特征。

现在是移动互联网高度发展的时代，涌现出了一大批自媒体，而微博、微信、微视频这些自媒体就成为那些有头脑、有智慧的大学生的赚钱工具。他们当中最具有代表性的就是罗休休，一个每天都充满正能量的“90后”学生。

罗休休的每条微视频播放量都可达几万次，多的达到几十万、上百万次。整体互动量少则几千次，多则上万次。图 10–1 所示的这条与情人节有关的微视频，不到一周的时间点赞就达到 54087 次，评论两千余次。那么，罗休休是如何运用微视频盈利的呢？我们在前文就讲到微视频的两种盈利模式——广告植入和微代言。其实，这对个人来讲也非常适用，如果你有足够的粉丝，并在粉丝中集聚了足够的影响力，企业就会找你合作，进行推广、代言。罗休休就曾是某品牌产品的推广人之一，推广费用是以万粉丝价格计算的，即每万粉丝可获得多少钱。

图 10–1　@ 罗休休有关微视频截图

当然，对于一个学生来讲，由于对社会了解不深，各种资源也都非常有限，做到罗休休这个级别是很难的。但是，利用微视频去赚钱却是毋庸置疑的，只要把握住了这个大方向，然后善于利用身边的资源，同样可以达到目的。

任何一项创业活动都是在特定的时代和社会环境下进行的，微视频的出现最先在大学生群体中引发了创业潮，很多人开始通过微视频赚钱。大学生们在学习之余，将自己的所看、所感、所闻，上传至微视频社区或平台，既可以充分地展示自己，又可以吸引企业的青睐、大量粉丝的围观，带来额外收入。

第二节
行业精英

有一部分人发微视频纯粹是出于职业需要，希望通过微视频吸引更多关注者，扩大自己的影响力。这一部分人群所发的微视频多与自己的职业有关，如记者发布的采访素材，化妆师发布与化妆有关的内容，心理治疗师发布与心理辅导有关的内容，等等。

下面，我们来看看一些化妆师、心理治疗师是如何通过微视频来吸引粉丝，与粉丝沟通的。图 10-2、图 10-3 所示分别为某化妆师的微视频演示、某心理治疗师通过微视频开设的心理微课堂。

图 10-2　某化妆师微视频现场演示

图 10-3　某心理治疗师开设的心理微课堂

化妆师通过实操演示，向自己的用户及关注自己的粉丝传授化妆技巧和诀窍，并推广产品。心理治疗师是以授课的方式来解释某一个心理现象，语言简练，简单易懂，可让粉丝以最快、最简单的方式了解相关知识。这些都是出于职业所需而发布的微视频，暂且把这类人定位为各行业的精英。

对于行业精英来讲，为了更好地开展自己的工作，通过发布微视频一来可以很好地宣传自己，树立自己在业界的影响力；另一方面，可以吸引更多的粉丝关注，将线下消费者转移到线上来。鉴于此，行业精英也成为微视频主要的使用主体，他们利用工作的间歇时间拍摄、上传自己的微视频，将生活的乐趣融入到工作中，既可以提高工作的积极性，提高工作效率，又可以增加额外收入。

第三节
才艺达人

微视频对于才艺达人来讲是一个非常好的施展舞台，可以使一个人的才华得到淋漓尽致的体现，如舞跳得特别棒，魔术表演很吸引人，歌唱得特别好……都可以用几秒微视频来展现。因此，各式各样的才艺达人也是微视频的使用主体，很多有才艺的人都开通了自己的微视频账号，录制微视频，做直播。

一位名为“小可酱”的舞蹈达人擅长鬼舞步，通过微视频分享精彩的鬼舞步和优秀的音乐（如图 10–4 所示），成功吸引了近三十万忠诚粉丝。这些粉丝给她带来了极大的经济收益，她的年收入在三十万元左右。

图 10–4　@小可酱舞蹈达人苦练鬼舞步

对于魔术而言，微视频也非常适合，几秒的魔术短暂又神奇，往往用户刚见证了奇迹，微视频就结束了，这样能引起用户极大的好奇。以前大家想欣赏魔术，还要通过电视或者网络等途径。现在很简单了，只要关注几个魔术达人的微视频账号就行，随时随地在无聊的时候欣赏魔术，给自己带来些快乐，图 10–5 所示为某魔术表演团队的美拍账号。

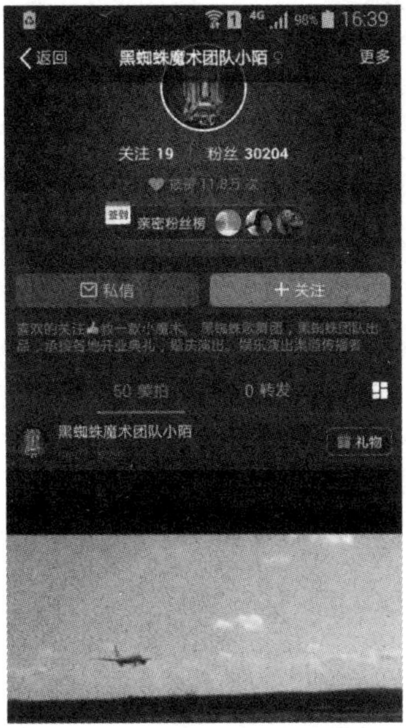

图 10-5　@黑蜘蛛魔术团

魔术师、舞蹈达人等是如何通过微视频来赚钱呢？主要有以下两个方面：

1. 才艺展示，有偿服务。例如，有些魔术师的粉丝中会有很多喜欢魔术、想学魔术的人，魔术师就可以通过微视频来招收学徒，传授他们魔术的秘诀。

2. 通过运营微视频，有了名气之后，会有个人或企业找到这些才艺达人参加一些商务演出活动。